Das Buch

Der Kurs im Wundern war der Anfang. The Secret erklärte einst die Zusammenhänge spiritueller Prinzipien. Pam Grout hingegen lässt uns diese Gesetze selbst und direkt erfahren. Dieses Buch tritt anhand von neun Experimenten den Beweis an, dass Wunder keine Frage des Glaubens sind, sondern von uns selbst erzeugt werden.

Die Autorin

Pam Grout ist Weltreisende, Abenteuerin und Autorin zahlreicher Bücher und Artikel darüber, was sie auf ihren Reisen erlebt hat. Sie lebt mit ihrer Tochter in Lawrence, Kansas.

www.pamgrout.com

Von der Autorin in unserem Hause erschienen:

E^2 + Neue Beweise zum Selbsttesten
Atme dich schlank

Pam Grout

Wie Ihre Gedanken die Welt verändern
Neun Beweise zum Selbsttesten

Aus dem Amerikanischen übersetzt von
Thomas Görden

Ullstein

Besuchen Sie uns im Internet:
www.ullstein-taschenbuch.de

Neuausgabe im Ullstein Taschenbuch
Ullstein Taschenbuch ist ein Verlag der
Ullstein Buchverlage GmbH, Berlin.
1. Auflage Februar 2015
© für die deutsche Ausgabe by
Ullstein Buchverlage GmbH, Berlin 2013
© für die Originalausgabe
E² NINE DO-IT-YOURSELF ENERGY EXPERIMENTS
THAT PROVE YOUR THOUGHTS CREATE REALITY
by Pam Grout 2013
Umschlaggestaltung: Ateet Frankl/frankldesign.de
Umschlagillustration © Amy Rose Grigoriou
Satz: Keller & Keller GmbH
Gesetzt aus der Minion
Papier: Pamo Super von
Arctic Paper Mochenwangen GmbH
Druck und Bindearbeiten:
GGP Media GmbH, Pößneck
Printed in Germany
ISBN 978-3-548-74623-4

Für Roosky.
Möge dein Licht alle Zeit leuchten.

INHALT

VORWORT

von Pierre Franckh

Als Kinder haben wir fast alle an eine gute Macht geglaubt, die uns beisteht und in unserem Leben helfen kann. Wenn wir in einem christlichen Elternhaus aufgewachsen sind, haben wir diese Macht vielleicht Gott genannt. Wir hatten ein intuitives Gefühl dafür, dass unsere Wünsche und Hoffnungen direkten Einfluss auf unser Leben haben. Aber im Laufe unseres Erwachsenwerdens ging den meisten von uns dieses Gefühl verloren. Wir mussten immer wieder hören: Was du denkst, spielt keine Rolle! Was zählt, ist die Realität von Fakten, Zahlen und Beweisen.

Wenn ich heute erwachsene Menschen frage, warum sie nicht daran glauben, dass ihre Gedanken und Wünsche die Realität unmittelbar beeinflussen, ernte ich meist Unverständnis und Ratlosigkeit. Allein die Idee, darüber nachzudenken, finden viele albern. Die meisten Menschen beschäftigen sich nicht mehr damit. Wieso auch? Wenn man davon überzeugt ist, dass man sein Leben sowieso nicht ändern kann, ist es mühselig, sich darüber Gedanken zu machen ... Dass man jedoch gerade aufgrund dieser eigenen Überzeugung nicht in der Lage ist, sein Leben zu verändern, das ist das Fatale. Denn diese Glaubenssätze schreiben das Drehbuch unseres Lebens.

Durch die neuesten Erkenntnisse der Quantenphysik, der Quantenbiologie und der modernen Mathematik tritt immer deutlicher zutage, dass es stets die Kraft der menschlichen Überzeugungsmuster ist, die uns zu dem werden lässt, was wir zu sein glauben: von der Gesundheit bis zur Krankheit, von der Immunabwehr bis zu unserem Hormonhaushalt, von unseren Selbstheilungskräften bis zu unserer Glücksfähigkeit. Die wahren Grenzen existieren nur in unserem Kopf. Ansonsten liegt ein Reich unbegrenzter Möglichkeiten vor uns. Und das Wunderbare ist, dass wir mit dieser Aussage nicht länger allein auf unseren Glauben oder auf reine Mutmaßung angewiesen sind, denn sie wird nun auch von der Wissenschaft begleitet, die uns genau in dieser Auffassung bestärkt und bestätigt.

Seit vielen Jahren verbreite ich diese Erkenntnis nun schon in Büchern und Seminaren. Und ich durfte erleben, wie sehr sich das Leben von Menschen mit ihr positiv verändern konnte. Trotzdem weiß ich, wie schwer wir uns alle mit dieser Erkenntnis tun. Wir würden gerne an die Macht unserer Gedanken glauben, aber wir wollen erst einmal Beweise. Quantenphysikalische Experimente unter Laborbedingungen können wir schlecht selbst durchführen. Uns von alten Glaubenssätzen zu trennen, ohne Beweise für neue zu haben, fällt uns nicht leicht.

Pam Grout hat für dieses Dilemma mit ihrem Buch einen wunderbaren Ausweg gefunden. Ihr wollt Beweise? Hier sind sie. Getreu dem alten Leitsatz »Probieren geht über Studieren« finden Sie auf den nächsten Seiten neun Experimente zum Selbstversuch, mit denen Sie sich selbst von der Macht Ihrer Gedanken überzeugen können. Diese Experimente sind in jeder Beziehung völlig ungefährlich außer in einer: Sie können Ihre bisherigen Glaubenssätze erheblich stören. Vielleicht sogar für immer verändern. Ich lege Ihnen dieses Buch ans Herz, weil ich weiß, wie sehr Sie Ihr Leben damit zum Besseren wenden können.

VORWORT

von Dr. Joyce Barrett

Als Kind fragte ich in der Sonntagsschule meine Lehrerin, warum Wunder zwar zu biblischen Zeiten vorkamen, nicht aber im heutigen Leben geschehen. Sie hatte darauf keine Antwort, und ich nahm nun an, dass Gott, Kirche und Religion bedeutungslos waren und kaum etwas mit meinem Leben zu tun hatten (obwohl ich nie aufhörte, mich nach einem tieferen Sinn zu sehnen). Ich wandte mich von der Spiritualität ab und der Wissenschaft zu, die zumindest zu erklären versuchte, wie die Welt funktioniert.

Pam Grouts Bücher und Artikel sind eine wahre Entdeckung. Sie helfen Zweiflern wie mir, unsere Sehnsucht nach Spiritualität zu stillen. Sie zeigt uns (auf sehr unterhaltsame und allgemein verständliche Weise), dass Energie, Kraft und sogar Wunder existieren und allen Menschen zugänglich sind. Die Ideen und Experimente in diesem Buch haben mir vieles von dem begreifbar gemacht, was spirituelle Lehrer seit Jahrtausenden verkünden.

Ich empfehle dieses Buch ausdrücklich allen, die spirituelle Ideen besser verstehen wollen und lernen möchten, sie im Alltag anzuwenden – sogar jenen, die wie ich der organisierten Religion skeptisch gegenüberstehen. Unseren Geist umzuschulen funktioniert so ähnlich, darauf weist Pam Grout uns hin, wie man einen jungen Hund zur Stubenreinheit erzieht. Man muss ihn immer wieder mit nach draußen nehmen und ihm die Schönheit, das Erhabene und die Wahrheit zeigen. Mithilfe einfacher, Freude machender Schritte zeigt sie den Leserinnen und Lesern, dass Wunder auch heute möglich sind und dass für uns alle eine erstaunliche Energiequelle frei verfügbar ist.

>>Die Art, wie wir das Leben bis jetzt
wahrgenommen haben, muss aus dem Weg
geräumt werden, damit die Wahrheit sichtbar wird.<<

Michele Longo O'Donnell, Gastgeberin der Radiosendung
>>Living Beyond Disease<< (Leben jenseits der Krankheit)

ZUR EINFÜHRUNG

> »Meine Religion besteht in einer demütigen
> Beziehung zu einer unbegrenzten geistigen Macht,
> die sich selbst in den kleinsten Dingen zeigt.«
>
> *Albert Einstein, theoretischer Physiker*

Zwei Monate bevor ich 35 wurde, ließ mein langjähriger Freund mich wegen einer zehn Jahre jüngeren Jurastudentin sitzen. Bedenken Sie zudem, dass dies zu der Zeit geschah, als die Weibliche Singles/Meteor-Studie veröffentlicht wurde. Laut dieser Studie stand zweifelsfrei fest, dass für Frauen über 30 die Wahrscheinlichkeit, doch noch geheiratet zu werden, nicht größer ist als das Risiko, von einem Meteor erschlagen zu werden.

Nachdem ich mehrere Tage auf dem Bett gelegen und den Deckenventilator angestarrt hatte, gelangte ich zu dem Schluss, dass mir zwei Wahlmöglichkeiten blieben. Entweder konnte ich mir in warmem Badewasser die Pulsadern aufschneiden … oder mich für ein einmonatiges Trainingsprogramm in Esalen anmelden, dem Selbstentwicklungs-Mekka in Big Sur, Kalifornien. Da ich wusste, wie sehr meine damalige Mitbewohnerin häusliche Unordnung hasste, entschied ich mich für Esalen.

Am zweiten Abend dort lernte ich einen attraktiven ehemaligen Surfer namens Stan kennen, der mich überredete, mit ihm der Meeresbrandung zu lauschen. Es endete damit, dass wir in einem der Massageräume zusammen einschliefen, eng aneinandergekuschelt, um uns warm zu halten. Nicht, dass es funktioniert hätte. Die Aprilwinde am Pazifik können wild sein, und trotz unserer vereinten Körperwärme wären wir fast erfroren. Wenn man darüber nachdenkt, hätte sich auf diese Weise fast mein Selbstmord-Dilemma gelöst. Und wäre Stan nicht so süß gewesen und ich nicht so verzweifelt bestrebt, über diesen Kerl hinwegzukommen, der mich weggeworfen hatte wie eine leere Chipstüte, hätte ich mich vermutlich freundlich verabschiedet und wäre zu meinem kälteisolierten Schlafsack zurückgekehrt.

Aber ich blieb bis zum nächsten Morgen bei ihm, als »das erste Licht des Tages« uns offenbarte, dass gleich neben der Matratze, auf der wir uns zusammengekuschelt hatten, ein Heizgerät stand. Ein Heizstrahler, mit dem wir es uns gemütlich warm hätten machen können!

Genau darum geht es in diesem Buch. Es gibt ein Heizgerät – oder, besser gesagt, eine unsichtbare energetische Kraft –, das jederzeit für uns verfügbar ist. Wir müssen es nur einschalten. Die meisten von uns sind sich gar nicht bewusst, dass dieses »Heizgerät« existiert. Wir glauben, das Leben sei ein auf reinem Zufall beruhendes Glücksspiel. *C'est la vie.*

Jene von uns, die von der Existenz des Heizgeräts wissen (also des Energiefeldes, das es uns ermöglicht, unser Leben selbst zu bestimmen und zu gestalten), wissen nicht, wie es funktioniert. Wir haben Gerüchte gehört, frau oder man könne es durch Gebete einschalten und durch gute Taten in Gang halten. Aber niemand scheint etwas Genaues zu wissen. Ein Guru empfiehlt uns zu chanten. Der nächste rät zur Meditation. Der im vorigen Jahr beharrte darauf, wir müssten unser Denken reinigen und unsere Schwingungen anheben. Was ist nun richtig? Ist diese energetische Kraft wirklich so vage und mysteriös? Und warum funktioniert sie nur manchmal? Im besten Fall ist ihr Wirken unvorhersehbar und unzuverlässig. Man kann nicht auf sie bauen.

Stimmt das wirklich?

14

Ich behaupte, dass dieses unsichtbare Energiefeld zu hundert Prozent verlässlich ist. Es funktioniert in jedem Fall wie ein mathematisches Prinzip oder ein physikalisches Gesetz. Zwei plus zwei ergibt *immer* vier. Wenn man Bälle vom Dach wirft, fallen sie *immer* nach unten. Unsere Gedanken beeinflussen *immer* unsere physikalische Realität.

Sehen ist Glauben

> »Alles, was ich sicher zu wissen glaube, gleitet mir durch die Finger. Gewissheit ist nützlich, aber sie kann bewirken, dass wir unseren Geist vor dem wahren Licht verschließen.«
>
> David O. Russell, Filmemacher

Wenn Sie *The Secret* gelesen haben oder schon einmal in der metaphysischen, spirituellen Szene unterwegs waren, wissen Sie bereits, dass Ihre Gedanken Ihre Realität erschaffen, dass es im Universum eine heilende Kraft gibt und dass Sie, und nur Sie allein, Ihr Leben gestalten. Nur gibt es da leider noch ein winzig kleines Problem:

Sie glauben nicht *wirklich* daran.

Die meisten Menschen handeln immer noch auf der Grundlage der geistigen Architektur unserer Vorfahren. Wir glauben, wir würden unser Leben mittels unserer brillanten Ideen und Gedanken lenken. Wir glauben, wir hätten klare Absichten und würden uns neue Möglichkeiten erschaffen, aber in Wirklichkeit recyceln wir lediglich alte Tonbänder, reflexartige Konditionierungen und Verhaltensautomatismen, die wir größtenteils schon vor dem sechsten Lebensjahr von anderen übernommen haben. Wie pawlowsche Hunde reagieren wir auf Muster, die wir übernommen haben, ehe wir intelligent genug waren, um eine kluge Auswahl zu treffen. Die meisten Gedanken, die wir für unsere eigenen halten, sind in Wirklichkeit von uns fast nie hinterfragte Glaubenssätze, die wir von anderen Menschen mitbekommen haben. Also liegt unser neues positives Denken im Widerstreit mit unserer alten, Ohnmachtsgefühle erzeugenden Programmierung. Mit anderen Worten, unser Bewusstsein, jene Kraft, die immer auf die physische Realität einwirkt, ist nicht bei sich selbst, sondern wird von äußeren Einflüssen beherrscht.

Nicht lange nach meinem Collegeabschluss, als ich meinen ersten Job gefunden und mein Leben selbst in die Hand genommen hatte, kamen mir negative Gedanken über das Geld heftig in die Quere. Ich machte mir ständig Sorgen wegen meines Einkommens und fragte mich, ob ich mir ein neues Fahrrad oder einen neuen Computer leisten konnte. Eines Tages, während meines frühmorgendlichen Joggens, kam mir plötzlich die Erkenntnis. Diese Gedanken waren schlicht und einfach exakte Wiederholungen von Bemerkungen, die meine Mutter oft gemacht hatte, während ich heranwuchs. Und obwohl es in meinem Leben objektiv gar keinen Grund für diese Ängste gab, hatte ich sie mir ins Bewusstsein heruntergeladen, ohne mir dessen bewusst zu sein.

Überflüssig zu sagen, dass dieses Paradigma nicht gerade meinem höchsten Wohl diente. Ich schrieb das Paradigma meines finanziellen Lebens bewusst um und sagte mir: »Ich kann mir alles leisten, was ich gerne haben möchte. Tatsächlich bin ich so wohlhabend, dass ich mir nie wieder finanzielle Sorgen machen muss.« Als freischaffende Autorin und Journalistin ernannte ich Gott zum Manager meiner beruflichen Zukunft. Ich sagte mir, dass ich in diesem unbeständigen Geschäft als freie Schriftstellerin nur würde bestehen können, wenn ich mich von diesen negativen Programmierungen aus meiner Vergangenheit befreite. Ich benötigte eine neue energetische Ausrichtung.

Hey, Leute, die Realität hat sich verändert!

> »Würden wir von der Annahme ausgehen, dass das,
> was als wahr akzeptiert wird, wirklich wahr ist,
> gäbe es kaum Hoffnung auf Fortschritt.«
>
> *Orville Wright, amerikanischer Flugzeugbauer*

Obwohl die Mängel des reduktionistischen, mechanischen Weltbildes längst erwiesen sind, ist es immer noch zutiefst in unserer Kultur verankert. Die Neurowissenschaft sagt uns, dass 95 Prozent unserer Gedanken von unserem vorprogrammierten Unterbewusstsein kontrolliert werden. Statt wirklich selbstständig zu denken, schauen wir uns immer wieder einen »Kinofilm« aus unserer Vergangenheit an.

Wären Sie nicht ständig diesem bruchstückhaft auf Sie einprasselnden Gewohnheitsdenken ausgesetzt, könnten Sie Ihr Leben beliebig verändern und gestalten. Dann hätten Sie keine ums Geld kreisenden Ängste, Sie hätten nur gute Beziehungen zu anderen Menschen, und Sie wären so ekstatisch zufrieden, dass Sie nie auf die Idee kämen, ein Buch wie dieses zu lesen.

Aber, offen gesagt, bin ich froh, dass Sie es lesen. Dieses kleine Buch wird Ihnen ein für alle Mal den Beweis erbringen, dass Ihre Gedanken mächtig sind und dass ein Feld unbegrenzter Möglichkeiten auf Sie wartet. Und Sie werden lernen, das veraltete Denken, das bislang Ihr Leben bestimmt hat, komplett umzuschreiben.

Statt eine umfangreiche Argumentationskette zu präsentieren – von der Art, wie Sie sie schon in all den anderen Büchern über das Erschaffen der eigenen Realität gelesen haben –, werden in diesem Buch neun einfache Experimente vorgestellt. Mithilfe dieser Experimente können Sie sich selbst beweisen, dass Ihre Gedanken Ihre Realität erschaffen. Es wird dadurch für Sie zum Alltagswissen werden.

Noch ist es eine Theorie. Doch wenn Sie mit eigenen Augen sehen, dass Sie Ihre Realität ändern können, einfach indem Sie sie beobachten, wird das bei Ihnen eine Umprogrammierung bewirken, und damit werden Sie Ihre alte Konditionierung hinter sich lassen. Mithilfe wissenschaftlicher Experimente zu lernen, wie tief Sie mit dem Feld des Potenzials verbunden sind, wird Ihnen Ihre Freiheit zurückgeben.

Die Magie, die wir über Bord geworfen haben

> »Oh je, wie sehr doch die Leute ihre Käfige lieben!«
> *Tess Lynch, Autorin*

In der Quantenphysik wird ein Feld als »unsichtbare bewegende Kraft« definiert, die »den physikalischen Raum beeinflusst«.

Durch dieses Buch werden Sie lernen, dieses **Feld des Potenzials** (ich nenne es gerne **FP**) zu Ihrem Vorteil zu nutzen. Weil Energie unsichtbar ist und weil wir immer noch aus dem alten Denken heraus handeln, dass die Materie an erste Stelle setzt, haben wir noch nicht gelernt, diese fundamentale schöpferische Kraft anzuwenden.

In den folgenden 21 Tagen – so lange dauert es ungefähr, die Experimente in diesem Buch auszuprobieren – bietet sich Ihnen die seltene Gelegenheit, eine bewusste Beziehung zur Energie zu entwickeln (und auch Materie, sagte der Quantenphysiker David Bohm, ist nichts anderes als »gefrorenes Licht«). Sie werden lernen, aus Energie alles zu formen, was Ihr Herz begehrt – sei es seelischer Frieden, Geld oder eine neue, Ihnen mehr Erfüllung schenkende berufliche Perspektive. Sie können das FP sogar veranlassen, Ihnen zu einem Urlaub auf Tahiti zu verhelfen.

Nehmen Sie mich als Beispiel. Vor ein paar Jahren beschloss ich, einen Monat in Australien zu verbringen. Ich hatte mich heftig in einen Chiropraktiker verliebt, der einen Job angenommen hatte, bei dem er mit Aborigines draußen im australischen Outback arbeiten würde. Wie sollte ich ihn je für mich gewinnen, so fragte ich mich, wenn ich in Kansas hockte, während er fast 17 000 Kilometer weit weg war? Ein Blick auf mein Bankkonto hätte jeden halbwegs vernünftigen Menschen überzeugt, dass ein 1500 Dollar teurer Flug nach Sydney nicht infrage kam. Aber ich wollte unbedingt dorthin, und zum Glück wusste ich über das Feld des Potenzials Bescheid.

Ich fing an, die Reise zu planen, und stellte mir vor, wie ich in Sydney am Strand in der Brandung herumtollte. Dieses innere Bild malte ich mir so oft wie möglich aus.

Es verging bloß eine Woche, da rief mich meine Redakteurin vom Magazin *Modern Bride* an.

»Ich weiß, das kommt ein bisschen kurzfristig«, begann sie, »aber wärst du unter Umständen bereit, nach Australien zu fliegen, um für uns eine Flitterwochen-Geschichte zu schreiben? Wir zahlen dir auch einen kräftigen Zuschlag.«

»Na gut«, entgegnete ich, »wenn ihr unbedingt wollt.«

Sie können Energie transformieren, um Ihren Körper zu heilen und zu verändern. Einmal wanderte ich mit einer Freundin in der Nähe von Steamboat Springs, Colorado. Sie stolperte über einen Stein, stürzte und sah mit Entsetzen, wie ihr Knöchel anschwoll. Ich meine, dieser Knöchel wurde wirklich *dick*. Das wäre kein Problem gewesen, hätte sich gleich um die Ecke eine Arztpraxis befunden. Wir aber waren 70 Minuten (wenn man schnell ging, was sie mit ihrem Fuß nicht konnte) vom nächsten Telefon entfernt. Ich sagte ihr, sie solle ihren Körper dazu bringen, mit diesem Anschwellen aufzuhören. Also rief sie: »Hör auf anzuschwellen! Heile! Hör auf anzuschwellen! Heile!«

»Es genügt, das sanft und leise zu sagen«, erinnerte ich sie.

So schafften wir es zu unserem Zeltplatz zurück, und sie musste mit ihrem Knöchel gar nicht mehr zum Arzt.

FP = UP (Unendliches Potenzial)

> »Das Leben wartet überall, die Zukunft blüht überall,
> aber wir sehen nur einen winzigen Ausschnitt davon
> und zertreten sie so oft mit unseren Füßen ...«
>
> *Hermann Hesse, deutsch-schweizerischer Dichter und Romancier*

Die neun Experimente in diesem Buch, von denen sich die meisten in nur 48 Stunden oder weniger durchführen lassen, beweisen, dass das FP wie die Elektrizität verlässlich und vorhersehbar funktioniert und für jeden jederzeit verfügbar ist, vom heiligen Franz von Assisi bis zu Barbara Walters. Diese Experimente belegen, was die Physiker in den letzten hundert Jahren herausgefunden haben – dass das Feld uns alle verbindet und dass wir unser Leben selbst steuern, weil jeder Gedanke, den wir denken, eine Energiewelle ist, die sich auf alles andere im Universum auswirkt.

Aber genau wie bei der Elektrizität müssen Sie zunächst den Stecker einstecken. Und Sie müssen damit aufhören, so schrecklich unentschlossen zu sein! Niemand, der einigermaßen bei Trost ist, würde bei einem Versandhaus anrufen und sagen: »Oh, schicken Sie mir einfach etwas, das mir gefällt.« Und wenn Ihre Toilette kaputt ist, würden Sie ganz sicher nicht den Klempner anrufen und sagen: »Kommen Sie einfach, wann es Ihnen passt.« Doch genau so interagieren die meisten Leute mit dem Feld. Wir sind entscheidungsschwach, vage und haben keine Ahnung, wie die Sache wirklich funktioniert.

In E^2 wird nicht nur erklärt, wie das FP funktioniert, sondern Sie können mithilfe der neun Experimente beweisen, dass Gedanken in Wirklichkeit physische »Dinge« sind. Obendrein kosten diese Experimente kein Geld und erfordern nur wenig Zeitaufwand. Ja, Sie haben richtig gelesen: *beweisen*.

Die in diesem Buch vorgestellten neun Energieprinzipien bestätigen, dass das FP in Ihrem Leben am Werk ist, ob Sie sich seiner Existenz bewusst sind oder nicht. Sie werden lernen, dass es tiefgreifender als alle physikalischen Gesetze ist und zuverlässiger als das Gesetz der Schwerkraft – allerdings müssen Sie zunächst lernen, Ihre Absichten eindeutig und kristallklar zu definieren. Und Sie müssen bereit sein, konkrete Termine festzulegen. Und diese verrückte Illusion aufgeben, dass mit Ihnen irgendetwas nicht stimmt. Um diese spirituellen Gesetze wirkungsvoll anzuwenden, müssen Sie wirklich »kapieren«, dass das Universum unerschöpflich ist und Sie immer unterstützt.

Ich weiß nicht mehr genau, wann ich damit begonnen habe, Do-it-yourself-Experimente mit meinem Leben anzustellen. Ich weiß aber, dass mir immer klarer wurde, dass all die spirituellen

Theorien und Bücher und Seminare, die mich so faszinierten, letztlich wertlos waren, solange ich mich nicht wirklich aktiv darauf einließ.

Wie die meisten Menschen begann ich mit kleinen Schritten – mit so einfachen Zielen wie einen Parkplatz oder vierblättrige Kleeblätter zu finden oder Interviewtermine mit Personen zu bekommen, die gerade in den Schlagzeilen waren. Doch es gab etwas, das mich endgültig überzeugte, auf wissenschaftliche Weise mit dem FP zu experimentieren. Ich nenne es das Nagel-Wunder.

Seit Jahren hängte ich einen Kalender neben mein Bett. Von Zeit zu Zeit nahm ich ihn herunter, um wichtige Ereignisse zu notieren oder das Datum nachzuschauen, an dem ich zuletzt beim Friseur oder beim Zahnarzt gewesen war oder mich mit Soundso getroffen hatte. Eines Abends zog ich den Kalender etwas zu heftig von der Wand, sodass ich den kleinen Nagel mit herausriss, an dem er hing. Ich kroch auf Händen und Füßen herum und suchte ihn. Wie weit kann denn so ein kleiner Nagel schon entkommen? Ich suchte und suchte. Offenbar hatte dieser Nagel sich nach Art Harry Potters einen Tarnumhang übergezogen. Er war einfach unauffindbar.

Schließlich gelangte ich zu dem Schluss, dass ich genug Zeit damit verbracht hatte, auf dem Teppich herumzukriechen. Also würde ich einfach die klare Absicht ausstrahlen, dass der Nagel sich wieder einfinden solle. Innerhalb von 24 Stunden.

Als ich am nächsten Morgen erwachte, lag der Nagel wohlbehalten in meiner Hand, zwischen Daumen und Zeigefinger. Seitdem habe ich die coolsten Sachen manifestiert – von Dates mit heißen Typen über regelmäßige Aufträge als Reisejournalistin bis zu einem Toyota Prius. Aber nichts davon hat mich so beeindruckt wie damals dieser kleine Nagel.

Ich erzielte mit meinen Experimenten so überzeugende Resultate, dass ich es an der Zeit fand, sie zu reproduzieren, um herauszufinden, ob sie auch bei anderen Leuten funktionierten. Also schlug ich Freunden vor, einige dieser einfachen Experimente auszuprobieren. Eine Kollegin, eine Geistliche der Unity-Kirche, arbeitete mit ihrer ganzen Gemeinde mit den Laborberichten, die Sie am Ende jedes Kapitels finden.

Schon bald fingen die YOUs ihrer Gemeinde (YOU ist die Jugendorganisation der Unity-Kirche) an, mit ihren selbst gebastelten Einstein-Zauberstäben sichtbar Energie zu bewegen. Es fanden wöchentliche Treffen statt, um auf regelmäßiger Basis Experimente durchzuführen. Die Leute manifestierten wirklich verblüffende Dinge.

Ich bin sicher, dass man ein spirituelles Prinzip nicht dadurch versteht, dass man ein Buch darüber liest oder sich einen Vortrag anhört, sondern indem man es praktisch erprobt. Es in Aktion zu erleben, wie es bei diesen Experimenten der Fall ist, führt zu Gewissheit und Überzeugung. Nur auf diese Weise können Sie sich vom materialistischen Denken »alter Schule« befreien.

Der neue Lernstoff

> »Ich muss es hier finden, genau hier,
> zwischen all der Schlamperei, mittendrin
> im gewöhnlichen Alltagsleben.«
>
> *Bob Savino, Poet und Weiser aus Kansas City*

1. Das Beweis-es-mir-Prinzip. Das ist das Grundprinzip, das Fundament, auf dem alle anderen ruhen. Eigentlich besagt es: »Es gibt eine unsichtbare energetische Kraft oder ein Feld unbegrenzter Möglichkeiten.« Das Experiment ist im Grunde genommen ein Ultimatum: Dabei geben Sie der Kraft 48 Stunden Zeit, Ihnen ihre Präsenz zu beweisen. Sie fordern ein klares, unmissverständliches Zeichen, etwas, das sich unmöglich als Zufall abtun lässt.

2. Das Toyota-Prius-Prinzip. Erinnern Sie sich noch an das neue Auto, das Sie vor ein paar Jahren kauften? Als Sie beschlossen, dass dies der Wagen Ihrer Träume sein würde, schien er Ihnen einzigartig. Sie dachten, Sie wären vermutlich der einzige Mensch in Ihrer Kleinstadt, der dieses Modell fahren würde. Aber nachdem Sie die Testberichte in den Autozeitschriften gelesen hatten und sich vom Autohändler Ihrer Wahl ein Angebot machen ließen, sahen Sie, dass mindestens jeder achte Pkw, der in der Gegend herumfuhr, auch ein Toyota Prius war oder was immer es für eine Marke und ein Modell war, für das Sie sich entschieden hatten. Denn das ist es, was geschieht, wenn Sie häufig über etwas nachdenken – Sie ziehen es in Ihr Leben.

Jeder Gedanke, den wir denken, jedes Werturteil, das wir fällen, wirkt auf das Feld des Potenzials ein. Tatsächlich besteht die Realität aus Möglichkeitswellen, die wir ins materielle Sein »hineinbeobachten«. Dieses Prinzip besagt: »Sie beeinflussen das Feld und ziehen aus ihm das in Ihr Leben, was Ihren Glaubenssätzen und Erwartungen entspricht.« Um das zu beweisen, formulieren Sie die folgende klare Absicht: »Genau diese Sache will ich innerhalb der nächsten 48 Stunden aus dem Feld in mein Leben ziehen.«

3. Das Alby-Einstein-Prinzip. Das Prinzip »Auch du bist ein Energiefeld« gehört zwar zu den grundlegenden spirituellen

Prinzipien, kam aber zum ersten Mal in einem Physiklabor ans Licht. Ja, Wissenschaftler entdeckten, dass Menschen keine Materie sind, sondern sich unaufhörlich bewegende Energiewellen. Vielleicht ist Ihnen ja schon aufgefallen, dass der Titel dieses Buches mit Einsteins berühmter Gleichung spielt.

Das ist das einzige Experiment, für das Sie Hilfsmittel benötigen – speziell hergestellte, perfekt abgestimmte Gerätschaften. Okay, es sind ein Kleiderbügel aus Metall (den Sie hoffentlich in Ihrem Kleiderschrank finden) und ein Trinkhalm (falls Sie einen solchen nicht zu Hause haben, bekommen Sie ihn gratis in jeder McDonalds-Filiale).

4. Das Abrakadabra-Prinzip. Die meisten Leute assoziieren das Wort *Abrakadabra* mit Magiern, die Kaninchen aus Hüten hervorzuzaubern. Tatsächlich handelt es sich um ein Wort aus dem Aramäischen, das übersetzt bedeutet: »Ich werde erschaffen, während ich spreche.« Das ist ein sehr machtvolles Konzept. Aus diesem Grund verkündete Thomas Edison oft die Erfindung eines Geräts, bevor er es tatsächlich erfand. Und deshalb schrieb Jim Carrey sich selbst einen Scheck über 10 Millionen Dollar aus, lange bevor er seinen ersten Film drehte.

Dieses Prinzip meint schlicht und einfach: »Alles, worauf wir uns konzentrieren, wächst und vermehrt sich.« Bei dem Experiment werden Sie lernen, dass jeder Gedanke Auswirkungen hat und dass wir unsere Gedanken viel zu nachlässig und unkontrolliert herumwandern lassen.

5. Das Leserbrief-Prinzip. Dieses Prinzip besagt: »Deine Verbundenheit mit dem Feld sorgt dafür, dass du jederzeit präzise und umfassende Wegweisungen erhältst.« Indem Sie Ihr Bewusstsein neu ausrichten, erhalten Sie Zugang zu verlässlichen Antworten auf jede Frage, jede Bitte, die Sie äußern. Dass das jederzeit möglich ist, wissen Sie nur deshalb nicht, weil Sie sich die höchst unnatürliche Gewohnheit antrainiert haben, sich allein und isoliert zu fühlen und nicht ständig mit dem FP zu kommunizieren.

6. Das Superhelden-Prinzip. »Dein Denken und Bewusstsein wirkt sich auf die Materie aus« lautet das Prinzip, auf dem dieses Experiment beruht. Und damit wiederholen Sie einen von Gary Schwartz, Professor an der Universität von Arizona, durchgeführten Versuch, mit dem er bewies, dass Pflanzen schneller wachsen und mehr Licht reflektieren, wenn man ihnen eine bewusste, konzentrierte Absicht übermittelt.

7. Das Idealfigur-Prinzip. Auch wenn Sie nicht zu denen gehören, die aufmerksam Zutatenlisten auf Verpackungen studieren, wissen Sie, dass die Nahrung, die Sie zu sich nehmen, bestimmte Vitamine, Mineralstoffe und, natürlich, Kalorien enthält. Vermutlich denken Sie, dieser Nährstoffgehalt wäre sozusagen in Stein gemeißelt – also wenn auf einem Joghurtbecher steht, der Joghurt habe 187 Kalorien, dann sei das in jedem Fall so. Möglicherweise ist Ihnen aber nicht klar, dass das, was Sie über sich selbst und Ihr Essen denken, sich pausenlos auf Ihren Körper auswirkt. Das ist ein ständiger Tanz. Wenn Sie sich schuldig fühlen, weil Sie bestimmte Kalorien konsumieren, übertragen Sie damit eine negative Schwingung auf Ihre Nahrung, die zwangsläufig wieder auf Sie zurückfällt.

Mit diesem Experiment werden Sie die Gültigkeit des folgenden Prinzips beweisen: »Dein Denken und Bewusstsein steuert den Zustand deines physischen Körpers.« Diesen Beweis werden Sie erbringen, indem Sie Ihr Essen bewusst mit Liebe aufladen.

8. Das 101-Dalmatiner-Prinzip. Dieses hochwichtige spirituelle Prinzip bedeutet: »Du bist mit allem und jedem im Universum verbunden.« Wissenschaftler nennen es Nichtlokalität. In der Zeichentrickversion von Disneys *101 Dalmatiner* kann man dieses Prinzip in Aktion erleben. Erinnern Sie sich daran, wie Cruella De Vils Handlanger versuchen, die entflohenen Welpen zu fangen? Der alte Scotchterrier in der Scheune, in der sie sich versteckten, bellte um Hilfe. Die Nachricht erreichte einen Basset im nächsten Bezirk, der die Botschaft an einen Dackel weitergab, der sich noch weiter entfernt aufhielt. In der Quantenphysik geschieht Kommunikation ohne Zeitverlust. In dem Moment, in dem der Scotchterrier weiß, dass die Welpen Hilfe brauchen, weiß es auch der Dackel, obwohl er sich fast dreißig Kilometer entfernt befindet. Alles, was mit einem Quantenpartikel geschieht, wird augenblicklich den anderen Partikeln übermittelt.

Bei diesem Experiment werden Sie Botschaften an Menschen senden, die sich an anderen Orten aufhalten, und zwar ohne E-Mails, Briefe oder laute Explosionen zu benutzen.

9. Das Brot-und-Fisch-Prinzip. Dieses Prinzip besagt: »Das Universum ist grenzenlos, reich und sorgt auf erstaunliche Weise für uns.« Dieses Experiment beweist, dass Ihre Ängste grundlos sind und dass es völlig in Ordnung ist, sich zu entspannen und tief durchzuatmen.

Eine große und wahre Vision

> »Indem man die bestehende Realität bekämpft,
> wird man nichts verändern. Um eine Veränderung
> zu erreichen, muss man ein neues Modell entwickeln,
> das das existierende Modell überflüssig macht.«
>
> *Buckminster Fuller, amerikanischer Erfinder und Visionär*

Hoffentlich ist es beruhigend für Sie, wenn Sie erfahren, dass Sie nicht der erste Mensch sind, der aus seinem Leben ein Experiment macht. Im Alter von 32 Jahren entschloss sich der große Buckminster Fuller zu folgendem Experiment: Er wollte herausfinden, was ein mittelloser Unbekannter zum Wohle der Menschheit erreichen konnte. Er nannte sich selbst »Versuchskaninchen B« und widmete sich der Aufgabe, die Welt zum Besseren zu verändern.

Zu der Zeit, in der er mit diesem Experiment begann, war er, was man einen »Niemand« nennen könnte. Bankrott und ohne Arbeit musste er für eine Frau und ein kleines Kind sorgen. Sein erstes Kind war gestorben, und Fuller suchte Trost im Alkohol.

Seine Aussichten waren also alles andere als rosig. Aber er beschloss, die Vergangenheit hinter sich zu lassen und das einschränkende Denken aufzugeben. »Was kann ein einzelner Mensch tun, um die Welt zu verändern?«, das wollte er herausfinden.

In den folgenden 56 Jahren widmete er sich voll und ganz seinem einzigartigen Experiment. Er ging Wagnisse ein. Er fragte: »Was wäre, wenn …?«

Er wurde Architekt, Erfinder, Buchautor. Zwischen dem Beginn seines Experiments 1927 und seinem Tod im Jahr 1983 schrieb er

28 Bücher, erhielt 44 Ehrendoktortitel und erwarb 25 Patente. Es gelang ihm, ganz buchstäblich das Selbstbild des Menschen zu verändern.

Ich hoffe, dass E^2 dies für Sie bewirken wird. Ich hoffe, es wird Ihr Selbstbild verändern. Ich hoffe, es wird Sie dazu inspirieren, ein Experiment zu wagen: Ihre Energie zu nutzen, um so fantastisch, froh, wundervoll, schön und gütig zu werden, wie es Ihrem höchsten Potenzial als Mensch entspricht.

EINLEITUNG

Die Welle kollabiert:
Wir lernen, wie schlecht informiert wir sind

> »Der größte Irrtum des Menschen ist
> sein Glaube, es gäbe andere Ursachen
> als seinen eigenen Bewusstseinszustand.«
>
> *Neville Goddard, Autor und Mystiker*

Jeder Illusionist, der sein Handwerk versteht, weiß genau, dass Ablenkung das wichtigste Element seiner Zaubertricks ist. Ein Zauberer lenkt die Aufmerksamkeit des Publikums *weg* von dem, was er wirklich tut, auf etwas anderes, was wichtig *scheint*, es aber in Wahrheit nicht ist. Genau das haben wir getan – wir haben uns ablenken lassen und unsere ganze Aufmerksamkeit auf die physische Welt gerichtet. Diese Täuschungen, auf die unsere Sinne »hereinfallen«, machen uns blind für die Tatsache, dass das Unsichtbare, das, was wir mit unseren Augen nicht wahrnehmen können, für das Leben viel wesentlicher ist als das, was wir sehen.

Die Quantenphysik zeigt uns, dass die unsichtbare energetische Welt – allgemein bekannt als das Feld, das »FP«, wie ich es nenne – die beherrschende Kraft ist, von der die materielle Welt gesteuert wird. Sie ist die Blaupause, nach der die physische Realität geformt wird. Tatsächlich wissen wir heute, dass das Universum ausschließlich aus Energiewellen und Energieteilchen besteht, die auf unsere Erwartungen, Urteile und Überzeugungen reagieren.

Energien, Gedanken, Emotionen und Bewusstsein spielen die Hauptrollen in unserem Leben, aber weil sie unsichtbar sind, haben wir noch keinen Versuch unternommen, sie zu verstehen oder zu unseren Gunsten zu nutzen. Wenn wir die Welt verändern wollen, müssen wir diese Erwartungen und Überzeugungen verändern. Es ist wirklich so einfach. Wenn wir etwas in der physischen Welt manifestieren wollen, müssen wir uns nicht auf das konzentrieren, was wir sehen, sondern auf das, was wir sehen *wollen*.

Gute Schwingungen – das ist es!

> »Der El Niño des menschlichen Bewusstseins ist da.«
>
> *Dianne Collins, Autorin von »Do You QuantumThink?«*

Kommen Sie, sprechen Sie es ruhig aus: »Wie kann etwas so Simples wie ein Gedanke die Welt beeinflussen?« Darauf möchte ich Folgendes erwidern: Vor hundert Jahren hätte niemand geglaubt, dass die von einem Fernsehsender übertragenen Wellen Stein, Glas, Holz und Stahl durchdringen und sich in Ihrem Fernsehgerät als Bilder manifestieren können. Niemand hätte geglaubt, dass Sie über ein Mobiltelefon von der Größe eines Spielkarten-Sets mit Ihrer zweitausend Kilometer entfernt wohnenden Schwester sprechen können.

So wie bei den hundert oder mehr Fernsehkanälen, die Sie zu Hause empfangen können, und Ihrer Stimme am Handy handelt es sich auch bei Ihren Gedanken um Schwingungswellen. Wenn Sie den Rapper Eminem im Radio hören, fängt Ihr Trommelfell Schallwellen auf. Wenn Sie bei einer Fernsehübertragung – etwa der Golden Globes 2012 – Brad Pitt am Stock oder Madonna mit nur einem Lederhandschuh sehen, handelt es sich dabei um Muster von Lichtwellen.

Und genau das sind auch Ihre Gedanken – Energiewellen, die mit dem FP interagieren und es beeinflussen. Jeder Gedanke, den Sie denken, gedacht haben oder jemals denken werden, erzeugt eine Schwingung, die hinaus in das FP gesendet wird, wo sie sich endlos ausdehnt. Diese Schwingungen treffen auf andere Schwingungen, wodurch ein unglaubliches Netzwerk aus Energie entsteht. Sammelt sich genügend Energie an, verklumpt sie zu Materie. Denken Sie daran, was Einstein sagte: Materie wird aus Energie geformt.

Das Feld des Potenzials folgt einfach der Energie, die Sie aussenden. Und Ihre Gedanken-Schwingungen ziehen andere dazu passende Schwingungen an. Hier ein kleines Beispiel: Vor einigen Jahren wollte ich einen Kartoffelstampfer kaufen. Ich erwähnte das niemandem gegenüber. Ich machte mir nur eine gedankliche Notiz: *Wenn du das nächste Mal ins Kaufhaus gehst, besorge dir einen Kartoffelstampfer.* Noch am selben Abend kam meine Freundin Wendy vorbei. Sie brachte mir einige Kochutensilien, die sie nicht länger benötigte. Und was war darunter? Ein Kartoffelstampfer! Ein anderes Mal wünschte ich mir mehr Lachen und Spaß in meinem Leben. Wenige Wochen später lernte ich Todd kennen, einen lustigen Kollegen, der später Komiker wurde.

Die Zufälle in unserem Leben sind einfach nur Energie, sie sind das FP in Aktion. Meistens setzen wir Energie unbeabsichtigt ein, weil wir uns der Auswirkungen unseres Denkens nicht bewusst sind. Dementsprechend aktivieren wir diese unermessliche Kraft nur so weit, dass wir einem einfallslosen, uninspirierten Standardprogramm folgen, statt unsere Imagination einzusetzen und die höchsten Potenziale zu entdecken.

Die Leute glauben, Jesus sei das A und O, weil er so gut darin war, Energie und Materie zu manipulieren. Aber, wie er uns klar und unmissverständlich sagte (etwas frei zitiert): »Leute, was ich kann, könnt ihr auch!«

Ich bin alleinerziehende Mutter, und es gibt wirklich schönere »Stereotype«. Die Leute erwarten ganz automatisch, ich wäre arm und würde von der Wohlfahrt leben.

Natürlich ist das eines der möglichen Programme. Aber ich schaue mir lieber andere Programme an. Ich ziehe es vor, mich auf eine andere Realität zu konzentrieren.

Auf meiner Webseite steht: »Pam Grout ist Weltreisende, liebevolle Mutter, Bestsellerautorin, Millionärin und inspirierende Menschenfreundin.« Schon vor 20 Jahren fing ich an, mich auf diese Dinge zu konzentrieren, noch bevor ich Mutter, Weltreisende und Autorin wurde und auch bevor ich mich selbst mochte. Ganz offensichtlich hat es bei mir funktioniert, mich auf das zu konzentrieren, was ich wollte, denn heute kann ich mit Stolz sagen, dass bis auf eine Sache alles oben Aufgezählte eingetroffen ist. Ich überlasse es Ihnen zu erraten, was sich noch nicht manifestiert hat. Bislang habe ich 16 Bücher, zwei Theaterstücke und eine Soap Opera geschrieben und genug Zeitschriftenartikel, dass ich auch ohne Festanstellung in 20 Jahren kein einziges Mal hungern musste. Ich betreibe einen Reiseblog *(www.georgeclooneys-lepthere.com)*, der mich auf alle sieben Kontinente geführt hat. Ich habe über so ziemlich alles geschrieben – vom Bungeespringen in Neuseeland übers Teppichkaufen in Marokko bis zum Kaffeepflücken in Nicaragua.

Was ich bislang nicht ausprobiert habe, ist das Fallschirmspringen, aber ich möchte mir noch etwas für meinen 90. Geburtstag aufheben.

Der erste Schritt zur spirituellen Erleuchtung:
Löse dich von der festen Verhaftung in der
konventionellen Realität

> »Wir sind alle Gefangene einer Geschichte.«
>
> *Daniel Quinn, Autor des Romans »Ismael«*

Die Realität ist anders, als man uns gesagt hat.

Ja, es ist sogar nicht übertrieben, zu behaupten: Alles, was Sie für real halten, ist gar nicht real. Seit hundert Jahren plagen sich die Physiker mit der Tatsache herum, dass das klassische Weltbild Newtons in keiner Weise tangiert, wie die Welt im Innersten funktioniert. Die subatomare Realität spottet dermaßen jeder Vernunft und Logik, dass die meisten Wissenschaftler aus Sorge um ihre akademische Glaubwürdigkeit mehr oder weniger den Umstand ignorieren, dass das Leben nicht so ist, wie wir es uns einreden.

Tatsächlich scheint es völlig verrückt – Partikel tauchen einfach aus dem Nichts auf, die Zeit verlangsamt oder beschleunigt sich, Teilchen, die Tausende von Kilometern voneinander entfernt sind, kommunizieren. Und so hat die Wissenschaft mit diesen neuen Erkenntnissen bislang nicht mehr angefangen, als Technologien zu entwickeln, mit denen wir uns alle in die Luft jagen, Textmails verschicken, mobil telefonieren und Fertiggerichte in der Mikrowelle erhitzen können.

Sogar die beiden Säulen der physikalischen Realität – Raum und Zeit – sind nicht, was sie zu sein scheinen. Diese beiden physikalischen Grundpfeiler sind extrem überzeugende optische Illusionen, weiter nichts. Physiker wie Bernard d'Espagnat, der kürzlich den mit 1,4 Millionen Dollar dotierten Templeton-Preis gewann, sagen uns, wir sollen unsere überholte Auffassung der Naturgesetze gegen eine treffendere Sicht der Wirklichkeit eintauschen: nämlich dass das Bewusstsein die materielle Welt erschafft.

Obwohl jeder Physiker weiß, dass dieses Universum ganz schön bizarr ist – voller Materie, die einfach so aus dem Nichts ins Dasein ploppt, und Elektronen, die von einem Orbit in einen anderen hüpfen können, ohne den dazwischen liegenden Raum zu durchqueren –, ignorieren die meisten das ganz einfach. Sie zucken die Achseln und sagen: »Was soll's!«

Nun ist es nicht so, dass sie völlig blind für diese andere Realität wären. Sie haben die neue Physik genutzt, um Laser, Transistoren, Supraleiter und Atombomben zu entwickeln. Aber sie können bisher noch nicht einmal ansatzweise erklären, wie diese Quantenwelt funktioniert. Der Physiker James Trefil bemerkte dazu: »Wir sind hier auf einen Bereich des Universums gestoßen, der unser Gehirn überfordert.«

Einige mutige Physiker erkennen nun endlich an, dass ihre geliebten Theorien falsch sein könnten. Sie räumen ein, dass die fundamentalen Lehrsätze über die materielle Realität einfach unzureichend sind, um die Quantenphänomene zu erklären. Manche sind sogar so mutig, zuzugeben, dass das Bewusstsein die physikalische Welt erschafft. (Fred Alan Wolf, ein als »Dr. Quantum« populärer Physiker, sagt: »Letztlich läuft alles auf eins heraus – das Universum existiert nur, wenn es beobachtet wird.«)

Dazu sage ich nur: »Das wird aber auch Zeit!«

Der *Kurs in Wundern*, ein Selbstlernprogramm für spirituelle Psychologie, das ich seit 25 Jahren praktiziere und lehre, tritt für die Idee ein, dass das Bewusstsein die materielle Welt hervorbringt. Es heißt darin, dass wir Menschen im Voraus entscheiden, wie wir das Leben erfahren. Wir wählen vorher aus, was wir sehen und erleben wollen.

Das Problem ist: Wir alle laufen mit einer Riesenwut im Bauch herum. Wenn wir das Ruder unseres deprimierenden Lebens herumreißen wollen, müssen wir uns von unserem Groll über die Welt befreien und uns aktiv darum bemühen, eine andere Realität zu sehen und zu erwarten. Noch ist es so, dass wir unsere ganze Zeit und Aufmerksamkeit (also unser Bewusstsein) Dingen widmen, die wir gar nicht wirklich wollen.

Aber das ist lediglich eine schlechte Angewohnheit. Und wie jede schlechte Angewohnheit lässt sie sich durch bewusste und gezielte Anstrengung ändern.

Es ist, was es nicht ist

> »Die auf den Eindrücken der fünf Sinne beruhende
> Vorstellung des Menschen von seiner Welt ist nicht
> länger angemessen und in vielen Fällen unhaltbar.«
>
> *Shafica Karagulla, Psychiaterin*

Gerade jetzt rotiert der Planet, den Sie Ihr Zuhause nennen, am Äquator mit einer Geschwindigkeit von 1670 Stundenkilometern um die eigene Achse. Mit erstaunlichen 107 208 Kilometern pro Stunde kreist er um die Sonne. Doch wenn Sie sich nicht gerade ein paar Bier hinter die Binde gekippt haben, sind Ihnen diese rasanten Bewegungen vermutlich nicht bewusst. Das ist nur ein kleines Beispiel dafür, wie wir die Realität verzerren.

Wie sich herausstellt, sind fast alle Vorstellungen von unserer Realität, die wir für selbstverständlich halten, nur Zerrbilder. Schon sehr früh – eigentlich von Geburt an – entwickelt unser

Geist ein Wahrnehmungsmuster und filtert alles andere heraus. Mit anderen Worten, wir »erfahren« nur die Dinge, die im Einklang mit unserer eingeschränkten Wahrnehmung stehen.

Ein Mädchen von den Philippinen erzählte mir einmal, nach ihrer Übersiedlung in die USA hätte es Monate gedauert, bis sie bemerkte, dass hier manche Menschen rothaarig sind. Selbst bei Menschen, mit denen sie regelmäßig zu tun hatte, war ihr deren Rothaarigkeit zunächst nicht aufgefallen. Rote Haare entsprachen nicht ihrem gewohnten Wahrnehmungsmuster, sie war nicht darauf konditioniert. Während mehrerer Monate war sie subjektiv blind für rote Haare, sah stattdessen das für ihre Kultur typische Brünett.

Die Wissenschaft hat herausgefunden, dass unser Gehirn in jeder Sekunde 400 Milliarden Datenbits empfängt. Damit Sie einen Eindruck erhalten, was für eine Datenmenge das ist: Um 400 Milliarden Nullen zu drucken, würde man 600 000 durchschnittlich dicke Bücher benötigen. Wir haben es hier also offensichtlich mit einer Riesenmenge an Realität zu tun. Was tun wir also damit? Wir sortieren Daten aus. Wir reduzieren den Input. *Ich nehme diese Information dort. Hm. Mal sehen – sie passt sehr gut zu meiner täglich laufenden Seifenoper über die Macken des anderen Geschlechts.* Wenn dieser ganze Filterungsprozess abgeschlossen ist, bleiben 2000 magere Datenbits übrig. Aber, herzlichen Glückwunsch! Das ist immer noch ziemlich beeindruckend. Immerhin geht es um 2000 Bits pro Sekunde. Aber da gibt es ein Problem. Was wir durch diesen Filter hindurchlassen, ist lediglich ein Millionstel Prozent dessen, was sich dort draußen abspielt.

Tun wir so, als wäre jeder Punkt, den wir mit einem Kugelschreiber machen können, ein Bit. Ich habe es ausprobiert, und ich schaffe mit meinem Kugelschreiber nicht mehr als fünf Punkte pro Sekunde. Aber seien wir großzügig und gehen davon aus, dass Sie im Punktemalen besser sind als ich – nehmen wir an, Sie schaffen zehn Punkte pro Sekunde, wobei, wie gesagt, jeder Punkt einem Datenbit entspricht. Wenn Sie also zehn Kugelschreiberpunkte pro Sekunde schaffen, brauchen Sie immer noch dreieinhalb Minuten, um so viele Punkte zu machen, wie Ihr Gehirn in jeder Sekunde Bits verarbeitet. Würde Ihr Gehirn aber alle verfügbaren Daten verarbeiten (400 Milliarden Punkte), bräuchten Sie dafür 821 Jahre!

Unser Gehirn filtert ständig aus allen verfügbaren Daten das heraus, was wir »sehen« und glauben. Aus purer Faulheit – und machen Sie sich nichts vor … das geschieht aus freien Stücken – nehmen wir am liebsten das wahr, was wir bereits kennen. Es ist dieses Zeug, für das wir uns schon vor langer Zeit entschieden haben. Wir sehen, fühlen, schmecken, berühren und riechen nicht die reale Welt, sondern eine drastisch verdichtete und verkürzte Version der Welt, eine Version, die unser Gehirn selbst zusammenbraut. Der ganze Rest zischt unbemerkt an uns vorbei. John Maunsell, Neurowissenschaftler an der Harvard-Universität, sagt: »Die Leute glauben, sie würden sehen, was wirklich da ist, aber da irren sie sich.«

Hat Ihr Gehirn einmal entschieden, welche Bits es hereinlässt, baut es Brücken zwischen verschiedenen Nervenzellen und schafft aus Nervenfasern neuronale Pfade. Der Mensch besitzt im Durchschnitt 100 Milliarden Nervenzellen, also werden in jedem Gehirn andere Datenautobahnen gebaut. Die Karte der neuronalen Pfade in Ihrem Gehirn unterscheidet sich so stark von denen in, sagen wir, Johnny Depps Gehirn wie die Karten von Wisconsin und Rhode Island.

Haben Sie sich Ihr Wegenetz einmal eingerichtet, hören Sie auf, den Rest des Landes zu bereisen. Der Interstate Highway 70 in meinem Heimatstaat Kansas ist hierfür eine perfekte Metapher. Ob Sie es glauben oder nicht, Kansas – der US-Bundesstaat, der im Film *Der Zauberer von Oz* in tristem Schwarz-Weiß porträtiert wird – besitzt eine Menge interessanter geologischer Sehenswürdigkeiten. In seiner nordwestlichen Ecke gibt es zum Beispiel einen Mini-Grand-Canyon und in der Nähe des Städtchens Quinter eine mächtige, sieben Stockwerke hohe Sandsteinformation namens Castle Rock. Aber da die Leute, die Kansas durchqueren, fast nie den Interstate 70 verlassen, weiß kaum jemand von diesen touristischen Attraktionen. Die Leute fahren an diesen schönen, einen Besuch lohnenden Orten vorbei und gelangen zu der irrigen Annahme, Kansas wäre flach und langweilig. Aber das entspricht nicht der Realität.

So, wie die Straßenplaner für den Interstate 70 die flachste, kürzeste und einfachste Strecke wählten, bauen wir unsere neuronalen Daten-Highways auf den am wenigsten komplizierten Routen – jenen, auf denen wir schon viele Male unterwegs waren. Aber auf diese Weise bekommen wir von der Realität nur sehr wenig mit. Wir sehen nur dreieinhalb Minuten statt 821 Jahre!

Die Straßen und Autobahnen in unserem Gehirn werden schon früh angelegt. Wenn wir auf die Welt kommen, existieren noch alle Möglichkeiten. Nehmen wir die Sprache als Beispiel. Jedes Neugeborene besitzt die Fähigkeit, jeden Laut in jeder Sprache zu artikulieren. Das Potenzial für das gerollte spanische *R* ist ebenso vorhanden wie für die gutturalen deutschen Diphthonge.

Doch schon bald legt unser Gehirn neuronale Pfade anhand der Laute an, die wir täglich hören. Andere Laute aus anderen Sprachen werden eliminiert.

Deshalb bereitet es Chinesen solche Mühe, im Englischen oder Deutschen das R richtig auszusprechen, und haben Deutsche solche Schwierigkeiten mit dem englischen »th«. Damit niemand denkt, ich wäre ethnozentrisch: Ich habe immer wieder vergeblich versucht, diese gutturalen deutschen Worte richtig auszusprechen, musste aber feststellen, dass meine neuronalen Pfade für die deutsche Sprache sich leider schon frühzeitig in Luft aufgelöst haben.

Unsere neuronalen Pfade etablieren ständige Wiederholungen früherer Erfahrungen. Wie eine Dreijährige, die sich immer wieder den Film *Arielle, die Meerjungfrau* anschauen möchte, klammern wir uns hartnäckig an unsere verzerrten Illusionen. *Mach mir meine schöne Illusion nicht kaputt!* Obwohl wir uns dabei elend fühlen, ziehen wir es vor, an das von uns selbst erschaffene Desaster zu glauben.

Wir beobachten die Dinge ins Dasein

> »Man braucht dafür keinen Glauben. Man braucht Vorstellungskraft. … Wenn du dir ein wirklich klares Gedankenbild von etwas machst, braust es gleich im nächsten Moment auf dich zu wie ein Lastwagen.«
>
> *Richard Bach, Autor von »Illusionen«*
> *und anderen metaphysischen Romanen*

Wenn Sie mich fragen, ist die Kunst, Energie zu transformieren, so wichtig, dass sie zusammen mit Lesen, Schreiben und Rechnen an den Schulen gelehrt werden sollte. Und sie beginnt mit der Absicht, jener Kraft, die allem zugrunde liegt. Absicht ist die Energie, der Treibstoff, die elektrische Ladung, die ein Resonanzfeld erzeugt und Wahrscheinlichkeitswellen hinaus in das FP sendet. Esther Hicks, die das Abraham-Hicks-Material channelt, nennt es »Wunschraketen starten«. Wenn wir der Absicht die entsprechende Aufmerksamkeit widmen, verleiht das der Sache die nötige Masse.

Wenn Sie eine Absicht formulieren, erschaffen Sie sie damit. Das geschieht augenblicklich. Sie existiert dann als reales Ding. Zwar sehen Sie sie noch nicht, weil Sie noch immer in der linearen Zeit agieren. Sie glauben noch an den alten Spruch »Etwas zu erschaffen braucht Zeit«. Also arbeiten und warten Sie. Sie befolgen die sieben Schritte aus dem neuesten Selbsthilfebuch.

Doch sagen uns die Physiker heute etwas anderes. In der Quantenwelt geschehen die Dinge nicht Schritt für Schritt. Sie geschehen sofort.

Das, was Sie beabsichtigen, existiert von dem Moment an, in dem Sie es beabsichtigen. Aber es ist wie mit Schrödingers Katze, einem berühmten Gedankenexperiment, das der österreichische Physiker Erwin Schrödinger sich 1935 ausdachte: Sie sind sich nur der Realität bewusst, die Sie sich zu beobachten entscheiden. Die physische Manifestation bleibt außerhalb Ihres gegenwärtigen Bewusstseins eingefaltet.

Die neue Physik sagt, dass das Leben multidimensional ist. Doch die meisten von uns bleiben in ihrer eindimensionalen physikalischen Realität stecken, auf das beschränkt, was wir mit unseren fünf Sinnen wahrnehmen. Was wir mit diesen angeblich narrensicheren Beobachtungswerkzeugen erleben, ist aber nur das, was wir anschauen wollen. Was wir mit unseren fünf Sinnen sehen, erfahren und fühlen, nehmen wir immer erst wahr, *nachdem* wir entschieden haben, es sehen, erfahren und fühlen zu wollen.

Ich vergleiche das Bewusstsein mit einem riesigen Wolken-kratzer. Ich wohne beispielsweise im zweiten Stock, aber das »Ding«, das ich mit meinem Denken erschaffen habe, befindet sich im 17. Stock. Solange ich nicht in den 17. Stock gelangen kann, scheint es mir zu fehlen, und ich warte noch darauf, dass es sich für mich manifestiert.

Eine andere gute Analogie ist das Fernsehen. Auch wenn Ih-nen über Kabel mehr als hundert Programme zur Auswahl ste-hen, können Sie sich doch immer nur eines anschauen. Während Sie sich beispielsweise über die Kapriolen der Charaktere in *Modern Family* amüsieren, sind Sie sich der parallel laufenden Sen-dungen auf den anderen hundert (oder mehr) Kanälen nicht be-wusst. Deshalb ist es wichtig, eine Sendung auszuwählen, die Sie sich auch wirklich gerne anschauen möchten. Räumen Sie einer Realität, der Sie gerne entkommen möchten, keine Sendezeit ein! Konzentrieren Sie sich ausschließlich auf Ihre Absicht.

Warum wir Programme wählen, die uns nicht gefallen

> »Wir leben in einer Welt, die Einschränkungen vergöttert.«
>
> Tama Kieves, Autorin von »*This Time I Dance!*«

1. Wir sind nicht wirklich hier – nicht in »diesem Moment«. Das Jetzt ist der Kraftpunkt. Deshalb ist es für einen Yogi so ein-fach, seinen Puls oder andere Körperfunktionen zu beeinflus-sen. Er beseitigt bewusst das statische Rauschen aus seinem Geist. Wenn Sie nicht wirklich hier sind, ist Ihr Geist nicht in der Lage, das auszuführen, was Sie ihm auftragen. Es ist von entscheiden-der Wichtigkeit, dass Sie bewusstes Gewahrsein im gegenwärtigen Augenblick trainieren. Sonst handeln Sie auf Grundlage alter Glaubenssätze, die Sie noch vor Ihrem sechsten Lebensjahr abgespeichert haben. Möchten Sie wirklich, dass Ihr Leben von der Weltsicht eines fünfjährigen Kindes bestimmt wird?

Wenn ich bemerke, dass mein Bewusstsein außerhalb des »Jetzt« operiert, was leider ziemlich oft vorkommt, erinnere ich mich sanft an die folgende Analogie: Der Paketfahrer der Post beliefert mich mit allem, was ich mir wünsche. Aber weil ich nicht zu Hause bin, bekomme ich davon nichts mit. Ich laufe auf der Jagd nach dürftigem Ersatz draußen herum. Alles ist bereits da, ich muss nur mein Bewusstsein ins zeitlose »Jetzt« zurückbringen.

2. Wir haben uns eingeredet, es wäre schwierig. Mithilfe unserer Gedanken etwas zu erschaffen ist wirklich einfach. Daran gibt es nichts zu rütteln. Aber wir sagen unseren Freunden, vor allem aber uns selbst ständig, es wäre schwierig und zäh. Achten Sie während der folgenden Tage einmal darauf, wie oft Sie sagen, dass es »schwierig« oder »mühsam« ist. Beobachten Sie auch, wie oft Sie sagen: »So war es immer schon.« Oder: »Das liegt bei mir in der Familie.« Wir verbringen so viel Zeit damit, darüber zu reden, was nicht funktioniert, dass uns der wesentliche Punkt entgeht: nämlich dass wir sehr wohl über die Macht verfügen, etwas zu erschaffen, das funktioniert.

3. Wir laufen der Negativität regelrecht nach. Womit beschäftigen wir uns? Mit Krankheiten, Problemen, Katastrophen der Vergangenheit. Worauf bereiten wir uns vor? Auf Notfälle. Wir lieben es, uns in Probleme zu verbeißen und zu fragen: »Was läuft schief?« Dieses völlig veraltete Modell muss dringend transformiert werden. Wenn wir damit beginnen, nach dem Ausschau zu halten, was funktioniert, was richtig ist, nimmt unser Leben eine wunderbar aufregende Wendung.

Und jetzt kommt es: Alles »Falsche« – in Wirklichkeit handelt es sich dabei nur um eine törichte Wertung – hat seine Kehrseite. Mangel ist die Kehrseite der Fülle. Krankheit ist die Kehrseite der Gesundheit. Beide Ideen existieren zur gleichen Zeit. Beide sind wahr. Wenn wir uns dafür entscheiden, den einen Aspekt zu sehen, verbirgt sich der andere, gleichermaßen wahrscheinliche Aspekt vor uns.

Während wir im Bewusstsein von Raum und Zeit leben, können wir leider niemals beide Seiten der Münze gleichzeitig sehen. Es ist aber wichtig, sich klarzumachen, dass die andere Seite genauso real ist und wir jederzeit von der einen zur anderen wechseln können. Gegensätze (zum Beispiel Fülle/Mangel) sind beide wahr. Die Frage ist nur, welche dieser beiden Realitäten Sie lieber erleben möchten.

4. Wir glauben, wir wüssten Bescheid. Hat man etwas einmal definiert, stellt man es nicht mehr infrage. Wenn Sie etwas zu wissen glauben, wird es zu Ihrer Realität. Darum kann Wissen sehr einschränkend sein. Quantenphysikalisch ausgedrückt, bewirkt es, dass die Welle kollabiert. Es lässt keinen Raum mehr für Geheimnisse, Wunder und neue Entdeckungen. Denken Sie einmal darüber nach. Wenn Sie im einen Arm einen Stapel Bücher tragen und im anderen eine volle Einkaufstüte, sind Sie nicht mehr in der Lage, noch etwas aufzuheben. Vielleicht verfügen Sie über eine Menge Wissen und eindrucksvolle akademische Abschlüsse, die eingerahmt in Ihrem Büro im zweiten Stock des Wolkenkratzers hängen. Aber denken Sie daran, dass es noch viele andere »Stockwerke« (also Dimensionen) gibt und dass Ihr »Wissen« zukünftige Möglichkeiten blockieren kann.

5. Unser Geist ist so mächtig, dass er sich sogar eine Situation erschaffen kann, in der er sich ohnmächtig fühlt. Deshalb ist es, wenn Sie die Experimente durchführen, unbedingt erforderlich, dass Sie Ihren kritischen Verstand lange genug ausschalten, um daran glauben zu können, dass sie funktionieren werden. Wenn Sie überzeugt sind, dass die Experimente unwissenschaftlicher Quatsch sind, der niemals funktionieren kann, werden Sie Ergebnisse erhalten, die genau diesen Standpunkt untermauern.

6. Es fehlt uns an praktischer Erfahrung. Das FP zu nutzen, um unser Leben zum Besseren zu verändern, ist keine intellektuelle Übung. Es ist keine Theorie. Es ist eine praktische Fähigkeit, die man trainieren muss wie die Beherrschung eines Musikinstruments oder Tischtennis. Weisheit kann man nicht intellektuell erfassen. Man kann sie nur leben. Und genau darum geht es in diesem Buch.

Wie wir auf ein anderes Programm umschalten

> »Emanzipiere dich von der geistigen Sklaverei.
> Nur wir selbst können unser Bewusstsein befreien.«
>
> *Autoaufkleber, erhältlich auf der »Green Living«-Website*

Der Zweck dieses Buches ist es, Sie aus dem Gefängnis Ihrer Illusionen zu befreien. Es will Ihnen helfen, diese verlogene Pressemitteilung zu verwerfen, die Sie bisher für Ihre Realität gehalten haben. Und hier kommt die gute Nachricht: Sie müssen keine einzige Ihrer Verhaltensweisen ändern. Alles, was Sie ändern müssen, ist Ihr Bewusstsein.

Für den Fall, dass Sie länger nicht auf der Amazon-Website waren: Es gibt Hunderte von Büchern darüber, wie Sie Ihren Körper verändern können. Aber soweit ich weiß, gibt es kein einziges Buch darüber, wie man sein Bewusstsein in Form bringt. Doch Ihr Bewusstsein mit allen seinen falsch verlegten und ausgetretenen neuronalen Pfaden ist die Wurzel all Ihrer Probleme. Bedenken Sie, dass das Bewusstsein, wie mutige Physiker vom Schlage eines Fred Wolf zunehmend erkennen, die physische Realität erschafft. Einschließlich der zu breiten Hüften und der zu runden Kehrseiten.

Sie können noch so oft ins Schuhgeschäft gehen, man wird Ihnen dort niemals Milch verkaufen. Alle diese verzweifelten Versuche, Ihren Körper zu verändern, Ihre Beziehungen oder womit sonst Sie unzufrieden sind, werden niemals funktionieren, solange Sie nicht lernen, Ihr Bewusstsein zu verändern und zu formen.

Den eigenen Geist für immer und ewig kontrollieren zu müssen klingt ganz schön anstrengend. Doch bei den Experimenten in diesem Buch werden Sie sich einen überschaubaren Zeitrahmen setzen, und das erleichtert es Ihnen, die Sache in Gang zu bringen. Das ist wie bei einem Zwölf-Stufen-Programm. Der Versuch, für alle Zeiten nüchtern zu bleiben, kann nicht funktionieren. Aber ein Tag ohne Alkohol? Das findet unser Verstand machbar.

Bis auf zwei Ausnahmen benötigen Sie für die Experimente maximal 48 Stunden. Das sind zwei Tage von vermutlich über 70 Lebensjahren. Selbst ein schwacher Geist kann ein solches Engagement aufbringen. Warum gebe ich Ihnen 48 Stunden Zeit?

Das ist das Prinzip der guten alten »Deadline«. Wenn ein Lektor eine Deadline, einen Abgabetermin, festlegt, weiß er, ab wann er beim Autor nach dem Manuskript fragen wird. Solche Deadlines geben uns etwas, auf das wir uns einstellen, auf das wir hinarbeiten können. Wenn Sie auf einer unbekannten Landstraße zu einem Blind Date unterwegs sind, hilft es Ihnen, wenn Sie wissen, dass die Tankstelle, an der Sie abbiegen müssen, noch fünf Kilometer entfernt ist. Sonst werden Sie sich fragen, ob Sie sie möglicherweise schon verpasst haben und besser umkehren sollten. Eine Deadline bewirkt, dass Sie aufmerksamer und besser im Jetzt verankert sind.

Ich bat einmal um eine Eingebung, ob ich es wagen sollte, nur noch als freie Journalistin zu arbeiten. Damals arbeitete ich 20 Stunden pro Woche als Angestellte bei einer kleinen Firma und schrieb nebenbei.

»Ich mag meinen momentanen Job wirklich«, sagte ich, »aber ich habe diesen Traum, als freie Journalistin und Schriftstellerin meinen Lebensunterhalt zu verdienen. Ich möchte meine eigenen Ideen verwirklichen und über die Dinge schreiben, die mir wirklich am Herzen liegen. Liebes Universum, was hältst du davon?«

Ich bekam bereits Anfragen von landesweit erscheinenden Magazinen. Ich knüpfte neue Kontakte, und meine Ideen für einige Kolumnen, die ich gerne schreiben wollte, wurden sehr positiv aufgenommen. Für manche Menschen wären das mehr als genug positive Signale gewesen.

Aber ich bin etwas schwer von Begriff. Ich wollte ein absolut eindeutiges Zeichen.

»Okay«, fuhr ich fort, »ich brauche ein Zeichen, das unmöglich ein Zufall sein kann. Und zudem setze ich dafür eine präzise

Deadline. Ich will eine klare Botschaft innerhalb der nächsten 24 Stunden.«

Am nächsten Tag wurde ich gefeuert.

Später kam eine Zeit, in der es mit meiner freiberuflichen Autorentätigkeit nicht gut lief. Also schrieb ich allerlei Bewerbungen, etwas, was ich immer tue, wenn mich existenzielle Panik befällt. Nach zwei Wochen bekam ich tatsächlich ein Jobangebot. Ich sollte Werbematerial für eine örtliche Buslinie gestalten (okay, ich habe nicht gesagt, dass mir ein *interessanter* Job angeboten wurde). Und man wollte mir ein für meine bisherigen Lebensverhältnisse geradezu fürstliches Gehalt zahlen. Aber es handelte sich um eine Vollzeitstelle.

Wollte ich meine Karriere als freie Schriftstellerin wirklich aufgeben? Wieder verlangte ich ein klares Zeichen, und zwar innerhalb von 24 Stunden. Das war die Frist, bis zu der mein potenzieller Arbeitgeber ein Ja oder Nein erwartete.

Am nächsten Morgen erhielt ich einen Anruf von *Travel + Leisure*, der Zeitschrift, für die ich am liebsten schreiben wollte. Sie wollten mich als freie Mitarbeiterin. Ich legte auf, schrie »Ja!« und tanzte durchs Wohnzimmer. Aber das Universum wollte mir an diesem Tag offenbar mal so richtig zeigen, was es draufhatte, denn es verging keine Viertelstunde, da rief eine andere Zeitschrift an, von der ich noch nie gehört hatte. Sie wollten einen Artikel über die Gastronomie in Kansas City. Jetzt konnte ich nicht anders: Ich rief meinen potenziellen Arbeitgeber an und sagte: »Danke für das Jobangebot, aber nein danke.«

Um im Königreich zu leben, so drückt der *Kurs in Wundern* es aus, müssen wir einfach nur unsere ganze Aufmerksamkeit darauf richten. Das heißt, Sie müssen bereit sein, nichts anderes wahrzunehmen.

Gegenwärtig ist unser Geist überwiegend mit Dingen beschäftigt, die wir nicht wollen. Unsere positiven Absichten nehmen nur einen winzigen Teil unseres Bewusstseins ein. Der Rest beschäftigt sich mit den Problemen, von denen wir hoffen, sie durch unsere guten Absichten beseitigen zu können. Den größten Teil unserer Gehirnleistung vergeuden wir, indem wir uns gedanklich mit unserem uralten Glauben an den Mangel, an problematische Beziehungen und an einen Gott beschäftigen, der Blitze vom Himmel schleudert.

Dass immer noch 99,9 Prozent Ihres Bewusstseins mit Dingen beschäftigt sind, die Sie gar nicht wollen, ist das Standardprogramm unserer Welt, ist das, was in unserer Kultur als normal definiert wird. Das globale Standardprogramm zeigt uns Nachrichten über Flutkatastrophen und Erdbeben, Herzschmerz-Geschichten über die Epilepsie Ihrer Cousine zweiten Grades und sagt: »Seht ihr, was habe ich euch gesagt? So ist die Welt!« Es scheint fast unmöglich, dass Sie dieses Programm in Ihrem eigenen Leben deaktivieren, obwohl Sie wissen – wenigstens theoretisch –, dass das möglich sein muss.

Nehmen wir finanzielle Probleme als Beispiel. Die meisten von uns sind sich einig, dass es nicht wünschenswert ist, schlecht bei Kasse zu sein. Was tun wir also dagegen? Wir konzentrieren uns darauf, diesen Zustand um jeden Preis zu vermeiden. Wir arbeiten bis zum Umfallen. Wenn wir Geld haben, verwenden wir viel Zeit und Energie darauf, es nur ja richtig zu investieren. Wir lesen Bücher und Artikel darüber, wie man reich wird, blind für die Tatsache, dass wir uns so ganz auf die Vorstellung fixieren, noch nicht reich zu sein. Die logische Folge: Wir bleiben auch weiterhin arm. Wenn wir uns einfach auf das Gefühl konzentrieren, reich zu sein, und auf die Dankbarkeit für das, was wir bereits besitzen – zum Beispiel unsere Familie und wundervolle Freunde –, würde die materielle Armut schon bald aus unserem Leben verschwinden. Wir erleben diese Armut nur, weil wir uns gedanklich auf sie konzentrieren. So mächtig ist unser Geist.

Meine Freundin Carla ist der felsenfesten Überzeugung, dass frau, wenn sie sich pleite fühlt, unverzüglich shoppen gehen sollte! »Du musst dieser negativen Überzeugung einen Tritt in den Hintern verpassen«, so drückt sie es aus, glaube ich. Ich habe diese Methode ausprobiert, als ich auf Mackinac Island in Michigan für einen Presseartikel recherchierte. Ich stand damals am Anfang meiner Karriere als freie Journalistin und war mir noch nicht sicher, ob ich mich finanziell über Wasser halten würde. Ich wohnte im luxuriösen Grand Hotel und war mir nur zu bewusst, dass die Sachen, die ich in letzter Minute in meinen Koffer gestopft hatte, sich nicht mit Jane Seymours Garderobe in *Ein tödlicher Traum* messen konnten, ja nicht einmal mit dem Outfit der Touristen, die auf der 200 Meter langen Veranda ihr Teegebäck knabberten. Ich war eindeutig underdressed. Und das fünfgängige Abendgarderoben-Menü hatte noch gar nicht begonnen.

Ich schlenderte in den teuren Souvenirladen, wo mein Blick magisch von einem grandiosen blaugrünen Seidenkleid angezogen wurde. Ein verstohlener Blick auf das Preisschild offenbarte mir, dass es sich weit jenseits meines üblichen Budgets befand – es kostete viermal mehr, als ich normalerweise für Kleider ausgebe. In diesem Moment wurde mir klar, dass ich es einfach haben musste. Ich musste in die Rolle der erfolgreichen Autorin schlüpfen, die ich sein wollte. Ich kaufte das Kleid in dem Wissen, dass ich damit den Weg für finanziellen Erfolg in meiner neuen freiberuflichen Karriere ebnete.

Als wollte man ein Hündchen stubenrein machen

> »Alle denken nur darüber nach, wie man die
> Menschheit ändern könnte, doch niemand
> denkt daran, sich selbst zu ändern.«
>
> *Leo Tolstoi, russischer Schriftsteller*

Wenn Ihr Gehirn so ähnlich funktioniert wie meines (also höchst anfällig dafür ist, Wichtiges auf morgen zu verschieben und sich verwirren oder ablenken zu lassen), kann es eine echte Herausforderung darstellen, seine Denkgewohnheiten zu verändern. Ich vergleiche es gerne mit der Aufgabe, einen jungen Hund zur Stubenreinheit zu erziehen.

Beharrlich tragen Sie das Hündchen immer wieder nach draußen und zeigen ihm eine andere Realität, bis es schließlich erkennt: *Wow, dort draußen wartet ja eine große, weite Welt! Und es macht viel mehr Spaß, an Bäume, Büsche und Hydranten zu pinkeln als auf Pams ranzige alte Pantoffeln.* Ihr Geist wird erstaunt sein über die Schönheit, die auf ihn wartet, wenn Sie ihn vor neue Herausforderungen stellen. Die Weite des Raumes wird sich ihm offenbaren. Wundervolle Ideen werden sich materialisieren, wachsen und gedeihen. Freude wird erlebbar.

Dafür müssen Sie nur eines tun: Fokussieren Sie Ihren Geist *nur* auf das, was Sie sich wünschen. Wenn Sie Frieden wollen, denken Sie an Frieden. Wenn Sie Liebe wollen, denken Sie an Liebe. Wenn Sie Jimmy-Choo-Pumps wollen, denken Sie an Jimmy-Choo-Pumps. Denken Sie *nicht* darüber nach, dass kaum Aussicht auf Frieden besteht, dass die Liebe unbeständig ist und dass Sie sich keine Jimmy-Choo-Pumps leisten können. Konzentrieren Sie sich nur auf das, was Sie wollen. Und immer wenn das

Hündchen wieder auf die Pantoffeln zusteuert, bringen Sie es nach draußen.

In dem Film *Mann unter Feuer* spielt Denzel Washington einen ehemaligen FBI-Agenten, der als Leibwächter für Pita angeheuert wird, die junge Tochter eines reichen mexikanischen Geschäftsmanns. Trotz Denzels Bemühen, neutral und unbeteiligt zu bleiben, wird er für Pita zur Vaterfigur. Er hilft ihr bei den Hausaufgaben und dabei, einen Platz im Schwimmteam zu erringen, etwas, was sie mehr liebt als den Klavierunterricht, auf dem ihr Vater besteht. Während Pitas Schwimmtraining ruft ihr Denzel immer wieder die gleiche Frage zu: »Trainiert oder untrainiert?« Und Pita ruft überglücklich zurück: »Trainiert!«

Lassen Sie mich diese Frage wiederholen: Ist Ihr Geist trainiert oder untrainiert?

Und ich hoffe, Sie werden schon bald rufen können: »Trainiert!«

»Die größten Entdeckungen und Entwicklungen der kommenden Jahre sind auf spirituellem Gebiet zu erwarten. Hier handelt es sich um eine Kraft, die, wie uns die Geschichte eindeutig lehrt, den größten Einfluss auf die Entwicklung des Menschen hatte. Und doch haben wir bislang damit lediglich herumgespielt und sie noch nie so ernsthaft erforscht wie die physikalischen Kräfte. Eines Tages werden die Leute lernen, dass materielle Dinge kein Glück bringen und nur von geringem Nutzen sind, wenn es darum geht, Männer und Frauen kreativer und stärker zu machen. Dann werden die Wissenschaftler der Welt ihre ganze Aufmerksamkeit auf die Erforschung der spirituellen Energien richten. Wenn dieser Tag kommt, wird die Menschheit innerhalb einer Generation mehr Fortschritte erzielen, als es in den vergangenen vier Generationen geschah.«

Charles Proteus Steinmetz,
Elektroingenieur und Erfinder des Wechselstrommotors

DIE VORBEREITUNGEN

> »Das ganze Leben ist ein Experiment.
> Je mehr Experimente man macht, desto besser.«
>
> *Ralph Waldo Emerson, amerikanischer Essayist*

Was Sie für die folgenden Experimente nicht brauchen, das sind ein weißer Laborkittel, Nanoröhren oder eine dieser hässlichen Schutzbrillen. Sie benötigen lediglich Aufgeschlossenheit und Beobachtungsgabe. Notieren Sie Ihre Entdeckungen und seien Sie bereit, die Dinge in einem neuen Licht zu betrachten.

Für alle, die in Chemie nicht aufgepasst haben, kommt nun ein kleiner Auffrischungskurs.

Wissenschaftliche Grundlagen

> »Mich schockiert nichts. Ich bin Wissenschaftler.«
>
> *Aufdruck eines T-Shirts von J. Bertrand*

1. Was genau ist eigentlich *Wissenschaft*? Laut dem Duden handelt es sich um eine (ein begründetes, geordnetes, für gesichert erachtetes) Wissen hervorbringende forschende Tätigkeit in einem bestimmten Bereich. Normalerweise beginnt diese Forschung mit der Überprüfung einer Theorie.

2. Na gut. Und was ist eine *Theorie*? Für die meisten von uns ist eine Theorie eine vage, verschwommene Mutmaßung. In der Wissenschaft jedoch ist eine Theorie ein wohldurchdachtes Konzept, das existierende Beobachtungsergebnisse erklärt und neue Ergebnisse vorhersagt. Die Akzeptanz einer Theorie

beruht nicht auf dem Ansehen oder der Überzeugungskraft desjenigen, der sie präsentiert, sondern auf konkreten Ergebnissen, die durch jederzeit reproduzierbare Beobachtungen und/oder Experimente gewonnen wurden. Zum Beispiel kann die Theorie der Schwerkraft von jedem Menschen bewiesen werden, von einem Kind, das aus einem Etagenbett springt, ebenso wie von einem Voodoo-Priester, der über eine Opferziege hüpft. Tatsächlich werden die meisten Laborexperimente unzählige Male wiederholt. Das andere wesentliche Merkmal einer wissenschaftlichen Theorie ist ihre Falsifizierbarkeit, was bedeutet: Es ist auch möglich, mit einem Experiment zu beweisen, dass sie *nicht* richtig ist. Die Theorie »Der Mars wird von kleinen grünen Männchen bewohnt, die sich stets aus dem Staub machen, wenn wir sie aufzuspüren versuchen« ist nicht falsifizierbar, weil die Marsianer immer dann verschwinden, wenn wir nach ihnen suchen. Die Theorie »Es gibt keine Marsianer« ist wissenschaftlich, weil sie sich dadurch falsifizieren lässt, dass Sie einen Marsianer fangen und ihn in den Abendnachrichten vorführen.

3. Und was ist dann eine *Hypothese*? Umgangssprachlich ist auch das eine bloße Mutmaßung. Doch für einen Wissenschaftler ist eine Hypothese eine fundierte Vermutung darüber, wie die Welt funktioniert. Am Anfang jedes wissenschaftlichen Experiments steht eine Hypothese. Man beobachtet, wie die Welt funktioniert, und formuliert, gestützt auf diese Beobachtungen, eine Hypothese, deren Richtigkeit durch ein Experiment überprüft werden kann. Es muss sich also um eine Aussage handeln, die sich widerlegen oder beweisen lässt. Oft wird sie als »Wenn-dann«-Satz formuliert. (Wenn ich das

und das tue, wird das und das geschehen.) »Wenn x eintritt, ist y die Folge davon.« Oder: »Wenn der Wert x ansteigt, steigt auch der Wert y an.« Auf diese Weise bildet man eine wissenschaftliche Methode.

4. Entschuldigung – eine *wissenschaftliche Methode*? Die wissenschaftliche Methode gilt allgemein als der beste Weg, die Wahrheit von Lügen und Selbsttäuschungen zu unterscheiden. Die einfache Version einer solchen Methode sieht folgendermaßen aus:

– Stelle eine Frage.

– Sammle Informationen.

– Formuliere eine Hypothese.

– Überprüfe die Hypothese.

– Gewinne Daten und werte sie aus.

– Ziehe Schlussfolgerungen.

Der große Vorteil der wissenschaftlichen Methode besteht darin, dass sie frei von Vorurteilen angewendet wird. Sie funktioniert für alle. Die so gewonnenen Schlüsse sind gültig, unabhängig von Ihrer Haarfarbe, Ihren religiösen Überzeugungen und Ihrer Schuhgröße.

Ein paar Grundregeln

> »Sie tun das, weil Sie fantastisch, mutig und
> neugierig sind. Und, ja, wahrscheinlich sind Sie auch
> ein bisschen verrückt – was eine gute Sache ist.«
>
> *Chris Baty, Gründer des NaNoWriMo*
> *(National Novel Writing Month)*

In jedem der folgenden Kapitel stelle ich Ihnen ein wichtiges spirituelles Prinzip vor und ein empirisches wissenschaftliches Experiment, mit dem Sie seine Gültigkeit beweisen können. Sie können die Experimente der Reihe nach ausprobieren (so machen es die meisten Leute, weil das erste Experiment zu so aufregenden Resultaten führt). Sie können aber auch eine willkürliche Reihenfolge wählen – in der ersten Woche spontan eines herausgreifen und in der nächsten ein anderes. Das liegt ganz bei Ihnen.

Fassen Sie am Beginn jedes Experiments den festen Entschluss, Ihre alten Konditionierungen aufzugeben. Ich beginne für gewöhnlich mit diesem Satz aus *Ein Kurs in Wundern*: »Öffne deinen Geist und reinige ihn von allen Gedanken, die auf Täuschung beruhen.«

Halten Sie dann aufmerksam Ausschau nach Beweisen. Suchen Sie so intensiv danach wie nach verlorenen Autoschlüsseln. Wenn Sie überall nachgeschaut haben, wo Sie die Schlüssel normalerweise aufbewahren – in Ihrer Handtasche, in den Taschen Ihrer Jeans, auf dem kleinen Tisch in der Diele –, fangen Sie an, Sofakissen hochzuheben, unter das Bett zu kriechen und im Mülleimer zu wühlen. Entscheidend ist: Sie hören erst mit dem Suchen auf, wenn Sie die Schlüssel endlich wieder in der Hand halten.

Wenn Sie in den Supermarkt gehen, um einen Abflussreiniger zu kaufen, werden Sie nicht klein beigeben, bevor Sie das Regal mit Comet, Ajax und Meister Proper gefunden haben. Wenn Sie in eine Buchhandlung gehen, um sich den neuesten Roman von John Grisham zu kaufen, werden Sie sich nicht mit einer schwächlichen Ausrede unverrichteter Dinge wieder davonstehlen. Nein, Sie gehen mit der festen Überzeugung in den Laden, das Buch dort zu bekommen.

Am Ende jedes Kapitels finden Sie ein Laborprotokoll. Es ähnelt den Protokollen, die echte Wissenschaftler anfertigen. Es ist wichtig, dass Sie den genauen Zeitpunkt notieren, zu dem Sie ein Experiment beginnen. Machen Sie sich Notizen. Dokumentieren Sie jede Entdeckung. Indem Sie die Resultate detailliert festhalten, schaffen Sie sich eine gute Grundlage für weitere Forschungen. Seien Sie, während Sie alle Ihre Wahrnehmungen und Erlebnisse notieren, dazu bereit, auch sich zunächst »falsch« anfühlende Beobachtungen festzuhalten, um so zu verifizierbaren Details zu gelangen, die beweisen, dass Sie recht haben.

Okay, sind Sie bereit, in die Rolle des »verrückten« Wissenschaftlers zu schlüpfen?

1. EXPERIMENT

DAS BEWEIS-ES-MIR-PRINZIP

Es gibt eine unsichtbare energetische Kraft oder ein Feld unbegrenzter Möglichkeiten

> »Alle anderen warten auf die Ewigkeit, und die
> Schamanen sagen: ›Warum nicht heute Abend?‹«
>
> *Alberto Villoldo, aus Kuba stammender*
> *Autor und Lehrer für Energiemedizin*

Die Prämisse

Dieses Experiment wird Ihnen ein für alle Mal beweisen, dass es im Universum eine liebevolle, unerschöpfliche und absolut coole Kraft gibt. Manche Leute nennen sie Gott. Aber wenn Sie möchten, können Sie sie auch Prana, »Alles-was-ist« oder »E.T.« nennen. Das überlasse ich Ihnen.

Bis jetzt besteht das Problem darin, dass wir an die Existenz dieser Kraft glauben mussten. Es war uns nicht erlaubt, sie zu sehen oder zu berühren, aber trotzdem wurde von uns verlangt, allerlei Dinge in ihrem Namen zu tun, zum Beispiel den Zehnten zu geben oder zu meditieren oder unser Haupt mit Asche zu bestreuen. Ich persönlich bevorzuge die Vorstellung, dass wir es mit einer energetischen Kraft zu tun haben, die in zwei Richtungen fließt, das heißt, es handelt sich um ein Geben und Nehmen.

In diesem Experiment lassen wir das FP wissen, dass es jetzt um die Wurst geht: Wir haben schlichtweg keine Lust mehr, an etwas zu glauben, das ständig mit uns Versteckt spielt! Wir wollen einen unumstößlichen Beweis. Und wir wollen ihn jetzt. Wir fordern vom FP, dass es uns ein Zeichen gibt, ein klares, unmiss-verständliches Zeichen, und wir geben ihm dafür exakt 48 Stunden Zeit.

Weil uns eingetrichtert wurde, die Kraft sei vage und geheimnisvoll, glauben wir nicht wirklich daran, von ihr eine klare Antwort erhalten zu können. Oder jedenfalls überrascht es uns nicht, wenn eine solche Antwort ausbleibt. Weil uns nicht beigebracht wurde, ihre Präsenz zu erkennen, pulsiert diese inspirierende, energetisierende, lebensverändernde Kraft in uns und um uns herum, ohne dass wir uns dessen bewusst sind.

Moment mal – ich doch nicht!

> »Wenn eure Medizin kein Getreide
> wachsen lässt, wozu ist sie dann gut?«
> *Sun Bear, Stammesältester der Chippewa*

An alle, die glauben, die Kraft könne ihnen erst begegnen, wenn sie in den Himmel kommen – bitte, macht ruhig weiter so. Das ist, als würde ein moderner Mensch sich weigern, von der Elektrizität Gebrauch zu machen. Alles, was man tun muss, um die Vorteile des elektrischen Stroms zu nutzen, ist, den Stecker eines Elektrogeräts in die Dose zu stecken und – voilá! Plötzlich kann man viele tolle Sachen machen: Brot toasten, Radio hören, Filme und Nachrichten anschauen und Mitmenschen dabei zusehen, wie sie auf einsamen Inseln Schnecken essen.

Wir sollten uns angewöhnen, diese Kraft genau so zu betrachten, wie wir über die Elektrizität denken. Wir fragen uns nicht:

Bin ich gut genug, um meinen Toaster an die Steckdose anzuschließen? Oder: Habe ich lange genug gebetet und verdiene ich
es nun, das Licht in meiner Küche einzuschalten?

Wir fühlen uns nicht schuldig, wenn wir das Radio einschalten. Das FP ist vollkommen vorurteilsfrei und für uns so frei verfügbar wie der elektrische Strom. Wir müssen uns nur entscheiden, es auch wirklich nutzen zu wollen.

Und es ist überhaupt nicht schwer zu finden.

Anekdotische Beweise

> »Gott ist kein Schwächling, auch wenn
> manche Leute dir das einzureden versuchen.«
>
> *Alex Frankovitch im Roman »Skinnybones« von Barbara Parks*

In diesem Abschnitt werden wir über »den Elefanten im Raum«
reden, den alle sehen, über den aber viele nicht sprechen mögen.
Ja, damit meine ich Gott.

Wenn Sie nicht im Halbschlaf durch die Gegend laufen, ist Ihnen gewiss schon aufgefallen, dass viele Leute über einen Typ
namens Gott reden. Einer von sieben Wochentagen ist ganz seiner Anbetung gewidmet. Gebäude in allen Formen und Größen
wurden gebaut, um ihn zu ehren.

Jede heutige oder vergangene Kultur kennt oder kannte ir-
gendeine Version dieses Wesens. Sogar die Physiker, deren Arbeit
doch ausschließlich darin besteht, die Eigenschaften und Interaktionen von Materie und Energie zu erforschen, wissen um
diese unsichtbare Kraft. Die meisten von ihnen nennen sie allerdings nicht Gott. Zum Beispiel behauptete Albert Einstein von
sich, nicht an den traditionellen Gott zu glauben, aber er wusste,

dass es dort draußen im Kosmos etwas viel Interessanteres gibt. Und um diese interessante Kraft dort draußen, so sagte er, ging es ihm. Der Rest seien lediglich Details.

Der Gott, an den die meisten von uns glauben, ist eine Erfindung von uns Menschen, fabriziert aus Bequemlichkeitsgründen. Wir akzeptieren diesen von Menschen gemachten Gott als unumstößliche Tatsache. Aber unsere Vorstellung von diesem Gott ergibt keinen Sinn. Wenn Gott Liebe ist, wenn Gott vollkommen ist, wenn Gott all die wohltätigen Eigenschaften besitzt, die wir ihm zuschreiben, warum sollte er dann auch nur einen einzigen Menschen zu ewigen Höllenqualen verurteilen? Mehr noch, warum sollten wir, wenn wir halbwegs bei Trost sind, uns mit einem launenhaften und ungerechten Gott einlassen, dem es Vergnügen bereitet, uns zu bestrafen? Selbst die dümmste Frau weiß, zumindest theoretisch, dass sie jenen Typen besser aus dem Weg geht, die ihr höchstwahrscheinlich Schmerz zufügen würden.

Ich meine, wer braucht so etwas?

Gott als Terrorist

> »Ich weiß nicht, ob Gott existiert, aber für sein Ansehen
> wäre es sicher besser, wenn es ihn nicht gäbe.«
>
> *Jules Renard, französischer Autor*

Gerade erst hatte ich das Abc gelernt, da hieß es, ich, die kleine Pammy Sue Grout, wäre eine elende Sünderin und hätte Gottes Erwartungen nicht erfüllt. Das wurde mir als Tatsache hingestellt, so unverrückbar wie zwei und zwei vier ergibt und *el-em-en-oh-pe* mehr als ein einzelner Buchstabe des Alphabets ist. Der einzige Trost dieser Lektion bestand darin, dass ich damit nicht allein war. Es zeigte sich nämlich, dass auch alle anderen Menschen Sünder sind. Sogar Mrs Beckwith, meine sanftmütige Vorschullehrerin, die mir erlaubte, meine Schildkröte Pokey jeden zweiten Montag mit in die Schule zu bringen.

Das Dumme daran, ein Sünder zu sein, besteht darin, dass wir in die Hölle kommen. Und von dort gibt es keine Rückfahrkarte. Allerdings tat ich mich schwer damit, die Hölle zu verorten, war ich doch noch nicht weit über die Grenzen von Kansas hinausgekommen. Aber, wie mein Vater mir versicherte, war die Hölle kein Ort, an dem man sich gerne aufhalten mochte. Es war dort noch heißer als im Haus von Tante Gwen und Onkel Ted in Texas in dem Sommer, als ihre Klimaanlage ausfiel. Hinzu kam: Dieser überhitzte Urlaub bei Tante und Onkel endete nach nur vier Tagen. In der Hölle musste man dagegen ewig schmoren. Um zu verstehen, was Ewigkeit bedeutet, sagte mein Vater, sollte ich daran denken, wie ich mich letztes Jahr am 26. Dezember gefühlt hatte, als mir klar wurde, wie lange ich nun auf das nächste Weihnachten warten musste.

Die Fluchtmöglichkeit besteht darin, »gerettet« zu werden.

Als ich vier Jahre alt war, ging ich in der kleinen Methodistenkirche in Canton, Kansas, zum Klang der Kirchenorgel nach vorn, kniete mich auf meine kleinen Knie und bat den Herrn um Vergebung meiner Sünden. Meine Familie, fromme Methodisten seit Generationen, stieß einen kollektiven Seufzer der Erleichterung aus. Noch am gleichen Abend riefen meine Eltern alle Tanten und Onkel an und verkündeten ihnen die gute Nachricht.

»Stellt euch vor, unsere Älteste ist jetzt offiziell gerettet«, erklärten sie stolz. »Jetzt können wir sicher sein, dass Pam in den Himmel kommt.«

Und das Beste daran war für sie, dass meine Bekehrung von nun an als Vorbild für meine zweijährige Schwester Becki und meinen erst drei Monate alten Bruder Bobby dienen würde. Insgeheim hoffte ich aber, dass sie Bobby wenigstens Zeit ließen, bis er sprechen konnte.

Aber natürlich wollte man kein Risiko eingehen. Ich meine, Jesus konnte schließlich jederzeit zurückkommen – bei Tag oder bei Nacht. Er war wie ein Dieb in der Nacht. Er konnte am Morgen kommen, wenn man gerade in seinen Cornflakes herumstocherte. Er konnte in der Schulpause kommen, wenn man gerade kopfüber am Klettergerüst hing. Er konnte sogar um zwei Uhr morgens kommen, was zum Problem werden konnte, wenn man einen allzu festen Schlaf hatte. Jesus konnte dich holen, noch ehe du Zeit hattest, dir den Schlaf aus den Augen zu reiben.

Und daran, geholt zu werden und dann für immer in der Hölle schmoren zu müssen, dachte man besser gar nicht. Ich meine, in Tante Gwens und Onkel Teds Haus war es *wirklich* heiß gewesen.

Während ich lernte, meine wahre Identität als Sünderin zu akzeptieren, sagte man mir wieder und wieder: »Gott ist Liebe.« Und zwar ungeachtet der Tatsache, dass die Kirchen mir Gott als eine Art versteckte Kamera präsentierten, die alles beobachtete, was ich tat.

Das ergab einfach keinen Sinn. Aber schließlich war ich ja erst vier. Was wusste ich schon?

Ich war zum Gähnen nahe daran, ein perfekt braves Kind zu sein (ich brachte ständig Einser nach Hause, zankte mich möglichst wenig mit meinen Geschwistern, hielt mich von Alkohol und Drogen fern und machte mein Bett, ohne dass man es mir sagen musste). Dennoch fühlte ich mich ständig von diesem »liebenden Gott« kritisiert, der dort oben im Himmel saß und sich jedes Mal schadenfroh die Hände rieb, wenn ich Mist baute – was, Gott verdammich (upps, da missbrauche ich schon wieder seinen Namen!), ziemlich oft geschah.

Wie kann man einem unschuldigen Kind nur ein solches Erbe aufbürden?

Gott sieht aus wie ZZ Top und andere ärgerliche Mythen

»Unsere Vorstellungen von Gott verraten uns mehr über uns als über ihn.«

Thomas Merton, christlicher Mystiker

Wenn man sie fragt, ob sie an Gott glauben, werden die meisten Menschen antworten: »Na ja, ich denke schon.« Fragt man genauer nach, zeigt sich oft, dass sie sich noch nie wirklich Gedanken über die Natur Gottes gemacht haben. Bestenfalls tischen sie uns irgendein Klischee über den »Typ oben im Himmel« auf.

Natürlich ist es unmöglich, Gott zu definieren. Gott ist nicht statisch, ebenso wenig wie Elektrizität oder Licht statisch sind. Gott liegt jenseits von Materie, Gestalt und Form. Das, was Gott ist, erfüllt den Kosmos. Es durchdringt die Realität und sprengt die Dimensionen von Raum und Zeit. Aber das hält uns nicht davon ab, immer neue Definitionen zu konstruieren. Hier sind unsere acht Topklischees über Gott:

Klischee Nr. 1: Gott ist ein Er. Auch wenn progressive Kirchen Gott manchmal als eine *Sie* bezeichnen, ist das FP eigentlich geschlechtslos. Wir sprechen schließlich auch nicht von Frau Elektrizität oder Herrn Schwerkraft. *Es* ist das angemessene Pronomen. Das FP ist ein Kraftfeld, das das gesamte Universum mit Energie versorgt. Es handelt sich um jene Energiequelle, die Blumen wachsen und aufgeschürfte Knie heilen lässt.

Gott ist eher wie »die Macht« in *Krieg der Sterne*, eine Präsenz, die in uns wohnt, ein Prinzip, gemäß dem wir leben. Darum sind Luke Skywalker und Darth Vader so populär. *Krieg der Sterne* ist ein Mythos, der uns auf einer sehr tiefen Ebene anspricht. Etwas in uns weiß, dass »die Macht« in uns wohnt und dass wir durch unsere Worte, Gedanken und Taten die Welt erschaffen.

Klischee Nr. 2: Gott sieht aus wie ZZ Top, macht schwarze Häkchen hinter deinem Namen, und weil er so beschäftigt damit ist, den Welthunger zu bekämpfen, hat er für dich persönlich keine Zeit. Dem gängigen Bild nach ist Gott wie ein neugieriger Nachbar, der den ganzen Tag am Fenster hängt, um uns dabei zu erwischen, wie wir etwas »Ungezogenes« tun. Wir können ihn nicht wirklich sehen, aber man hat uns gewarnt, dass er da ist. Er beobachtet. Er verurteilt. Er überwacht jeden unserer Schritte. Wenn wir seine Gebote und Vorschriften nicht beachten, hetzt er uns seine Engel-Geheimpolizei auf die Fersen.

Klischee Nr. 3: Gott bevorzugt bestimmte Menschen. Das FP ist ein Kraftfeld, das von allen Menschen uneingeschränkt genutzt werden kann. Wir alle besitzen als Teil unserer natürlichen Fähigkeiten freien Zugang zu diesem Feld. Es handelt sich also keineswegs um eine besondere Gabe, über die nur wenige Auserwählte verfügen. Genau das ist die wichtigste Lektion, die Jesus uns vermittelt hat. Gott wohnt in uns. Sie und ich, wir alle sind ein Teil Gottes. Deshalb können Sie Wunder vollbringen.

Die Art und Weise, wie wir Jesus verehren, ist ein bisschen so, als würden wir Benjamin Franklin dafür anbeten, dass er als Erster die Elektrizität entdeckte. Franklin ließ einen Drachen in ein Gewitter aufsteigen, um uns in die Lage zu versetzen, das Prinzip zu nutzen, dessen Existenz er uns auf diese Weise demonstrierte. Er tat das nicht, damit wir ihm Tempel errichten, ihn in Gemälden verewigen und zur Erinnerung an ihn kleine Schlüssel um den Hals tragen. Er wollte, dass wir das Prinzip der Elektrizität verstehen und nutzen – und genau das geschieht ja auch: Wir verwenden es, um Radios, Computer und Klimaanlagen zu betreiben. Hätten wir mit Franklins Entdeckung an der Stelle haltgemacht, wo wir mit Jesus' Entdeckung verharren, würden wir immer noch im Dunkeln sitzen.

Benjamin Franklin hat die Elektrizität nicht erfunden, ebenso wenig wie die spirituellen Prinzipien von Jesus erfunden wurden. Blitze und die aus ihnen resultierende Elektrizität waren immer schon verfügbar. Wir waren uns dessen nur nicht bewusst oder hatten noch nicht entdeckt, wie wir diese Kraft für unsere Zwecke einsetzen konnten. Galileo hat die Schwerkraft nicht erfunden, als er die Holzkugel vom schiefen Turm von Pisa fallen ließ. Er hat lediglich ihre Wirksamkeit demonstriert.

In gleicher Weise demonstrierte Jesus spirituelle Prinzipien, von denen er wollte, dass wir sie nutzen. Wir haben 2000 Jahre damit vergeudet, ein Idol anzubeten, statt die Prinzipien anzuwenden, die Jesus lehrte. Schauen Sie in der Bibel nach – nirgendwo sagt Jesus: »Betet mich an.« Er forderte uns auf: »Folgt mir nach.« Das ist ein großer Unterschied.

Weil wir einen Heldenkult um Jesus veranstalten, entgeht uns das Wesentliche. Jesus sagte nicht: »Ich bin großartig. Stellt überall meine Statuen auf. Macht aus meinem Geburtstag ein riesiges kommerzielles Spektakel.« Er sagte: »Seht, was möglich ist! Seht, was wir Menschen vollbringen können!«

Jesus ist unser Bruder. Sein Vermächtnis besteht darin, ein Vorbild zu sein, dem wir nacheifern können.

Er wollte uns klarmachen, dass die Kirchenoberen mit ihrer lautstarken Rhetorik Gottes Wahrheit vernebelt haben. Man hat uns eingeredet, das FP müsse Objekt religiöser Verehrung sein, statt zu lehren, dass es eine sehr reale Präsenz und ein Prinzip ist, demgemäß wir leben sollten.

Klischee Nr. 4: Gott belohnt uns für unser Leiden und verteilt Bonuspunkte, wenn wir uns aufopfern (auch bekannt als »Das Leben ist Mist, der Lohn wartet erst nach dem Tod auf dich«). Viele Leute glauben, das Leben sei eine Art Rekrutenausbildung für den Himmel. Wir glauben, diese kurze Lebensspanne sei bloß »eine Aufnahmeprüfung« für das Paradies. Wenn wir brav durchhalten und alles erdulden, lässt man uns eines Tages die Himmelspforte durchschreiten, worauf dann ewige Glückseligkeit folgt. Diese Denkfehler gelten heute als Fakten des Lebens. Sorgen und Prüfungen scheinen für uns alle unvermeidlich.

Aber was wäre, wenn das alles gar nicht nötig ist? Was, wenn es keinen Grund gibt, arm zu sein? Oder krank zu werden? Oder etwas anderes als ein reiches, aufregendes, erfülltes Leben zu leben? Was, wenn dieser Zwang zum tragischen, schwierigen Leben nur ein weiteres von den Kirchen in die Welt gesetztes Märchen ist, das uns durch jahrelange Konditionierung eingehämmert wurde? Ich sage Ihnen etwas ganz anderes: Der Himmel, auf den Sie warten, steht Ihnen hier und jetzt offen! Man hat Ihnen Lügen erzählt darüber, wer Sie sind und welche Möglichkeiten Sie haben.

Klischee Nr. 5: Gott verlangt ungeheuer viel von uns. Das FP urteilt nicht. Es straft nicht. Es denkt nicht: »*Gestern war Peter S. ein guter Junge. Er hat einer alten Dame über die Straße geholfen. Ich glaube, ich werde sein Gebet erhören und ihn im Lotto gewinnen lassen.*« Erzkonservative Theologen mögen sich vielleicht vorstellen, dass Gott so denkt. Doch das FP braucht nichts, und deshalb verlangt es auch nichts von uns. Es stellt keine Forderungen. Es mag Mutter Teresa nicht lieber als Celine Dion. Nur schlecht informierte Menschen, verzweifelt bemüht, ihrer Welt einen Sinn zu verleihen, dachten sich einen Gott aus, der mit unserem Leben Lotto spielt und der, wie wir, manche Leute mag und andere nicht. Wir sind in unserer Angst gefangen, was unsere Wahrnehmung stark einschränkt.

Klischee Nr. 6: Verlange lieber nicht zu viel von Gott. Es ist besser, ihn nicht zu verärgern. Wie ich bereits argumentiert habe, ist das FP keine Person. Deshalb *können* wir es gar nicht verärgern. Das FP ist eine unsichtbare energetische Kraft. Es ist unbegrenzt und unerschöpflich, also kann man gar nicht zu viel von ihm verlangen. Dem Ozean ist es völlig egal, ob Sie einen Fingerhut oder einen Eimer Wasser aus ihm schöpfen. Wenn überhaupt, dann nutzen wir die FP-Kraft viel zu wenig. Immerhin reden wir hier von einer allmächtigen Kraft. Das FP ist nicht widerspenstig oder launisch. Wir müssen keine zähen Verhandlungen mit ihm führen.

Klischee Nr. 7: Gott ist so schwer fassbar. Ganz im Gegenteil: Haben Sie sich einmal von der schwarzen Wolke aus Lügen und Halbwahrheiten befreit, die Ihnen die Sicht versperrt, werden Sie feststellen, dass die unsichtbare Kraft so klar und leicht verständlich kommuniziert wie ein guter Lebensberater. Haben Sie sich einmal von Ihren inneren Blockaden befreit, wird Ihnen genau gezeigt, was zu tun ist und wie.

Wie gesagt, wir müssen uns angewöhnen, Gott eher so zu betrachten, wie wir die Elektrizität betrachten. Der Elektrizität ist es egal, wer den Fön an die Steckdose anschließt. Wir müssen der Elektrizität nicht beweisen, dass wir gut genug sind, einen Toaster betreiben zu dürfen.

Klischee Nr. 8: Gott antwortet uns nur, wenn es ihm passt. Gott oder »die Macht« ist immer auf unserer Seite, und wir können jederzeit Führung erhalten. Wir müssen nicht darauf warten, dass die Ampel auf Grün springt und Engelsglocken erklingen. Unser großer Kumpel ist rund um die Uhr erreichbar, vorausgesetzt, wir sind bereit, uns voll darauf zu konzentrieren. Die Führung durch das FP geschieht »wie zufällig« – durch die Textzeile eines Liedes, das wir im Radio hören, oder durch den unerwarteten Telefonanruf einer Freundin, von der wir schon lange nichts gehört haben. Der Trick besteht darin, aufmerksam zu sein und zu vertrauen. Und, wie schon gesagt, unsere volle Konzentration ist nötig.

Bei dieser Gelegenheit sollten wir auch gleich einmal über Gottes Willen sprechen, um dieses Thema vom Tisch zu bekommen. In unserem Update, unserem modernisierten Gottesbild, ist kein Raum für Höllenqualen oder einen Sadisten, der fähig wäre, Sie für immer dorthin zu schicken. Auch ist hier kein Platz für die Vorstellung, dass Krankheit, Missbildung oder Tod Gottes Wille wären. Gottes Wille – für jene, die auf der Verwendung dieser Formulierung beharren – ist das unaufhörliche Sehnen des Geistes in Ihnen danach, sein volles Potenzial zu entfalten. Amen.

Die Methode

> »Dass ich es mir gestattete, ein bisschen
> verrückt und irrational zu werden, öffnete
> mich für gewisse mystische Erfahrungen.«
>
> *Patrick Miller, Gründer des Verlags Fearless Books*

Während dieses Experiments werden Sie 48 Stunden der Suche nach Beweisen für die Existenz dieses allwissenden, vollkommenen FP widmen. Nennen Sie das FP Gott, wenn sich das für Sie angenehmer anfühlt. Glücklicherweise existiert das FP an allen Orten, an denen Sie auf die Idee kommen könnten, danach zu suchen.

Um den Einsatz zu erhöhen, werden Sie das FP um eine gute Gabe bitten, um das, was ich ein unerwartetes Geschenk nenne. Sie werden ihm 48 Stunden Zeit geben, Ihnen ein Geschenk zu schicken, mit dem Sie normalerweise nicht rechnen würden – ein überraschender Scheck in der Post, eine Karte von einer alten Freundin, etwas wirklich Unverhofftes. Lassen Sie offen, um was für ein Geschenk es sich handelt (eine spezifische Bestellung werden Sie bei Experiment Nr. 4 aufgeben). Aber formulieren Sie Ihre Bitte klar und eindeutig und nennen Sie eine feste Deadline. Bitten Sie außerdem um Hilfe dabei, Ihr Geschenk als solches zu erkennen.

Als meine Freundin Wendy dieses Experiment ausprobierte, erhielt sie nicht nur ein, sondern gleich *zwei* unerwartete Geschenke. Sie bekam eine Lohnerhöhung von einem Dollar pro Stunde (ihr Chef rief ganz unverhofft an), und ihr Bruder, der in einem anderen Bundesstaat wohnt und sich normalerweise nur meldet, wenn es in der Familie einen Todesfall gibt, bot an, ihr bei ihrem Umzug zu helfen – etwas, was er bei ihren vorherigen sechs Umzügen nie getan hatte.

Robbin, eine andere Freundin, bekam in den 48 Stunden, während sie das Experiment durchführte, von einer Freundin eine kostbare Lederhandtasche geschenkt. Diese Freundin hatte keine Ahnung, dass Robbin gerade das Experiment machte.

»Ich mag diese Handtasche sehr und benutze sie heute noch«, sagt sie.

Die Resultate variieren, abhängig von Ihrem Bewusstsein. Einige Menschen erhalten etwas Einfaches. Bei meiner Freundin Julie war es zum Beispiel so, dass sich ein zweijähriger Junge, den sie nie zuvor gesehen hatte, zu ihr auf eine Parkbank setzte. Sie lächelten einander an wie zwei Seelengefährten, die sich wiedergefunden hatten. Das Geschenk kann aber auch etwas sehr Verblüffendes sein. Eric, der das Experiment ebenfalls ausprobierte, wurde ein kostenloser Skiurlaub am Lake Tahoe angeboten.

Achten Sie darauf, wie es sich für Sie anfühlt, das Energiefeld um ein Geschenk zu bitten. Macht es Sie nervös? Fragen Sie sich, ob es nicht egoistisch ist, um etwas Gutes für sich selbst zu bitten? So ein Gefühl ist sehr aufschlussreich. Vielleicht glauben Sie ja, kein Geschenk zu verdienen. Ein solcher Gedanke sendet Signale in das Energiefeld und beeinträchtigt die Resonanz. Wenn Sie denken, dass es völlig in Ordnung ist, um etwas zu bitten, das Sie benötigen oder sich wünschen, wird auch dieses Signal in das Feld gesendet und beeinflusst es.

Damit dieses Experiment funktioniert, müssen Sie Ihre Skepsis vorübergehend ausschalten. Nicht für immer, sondern nur für 48 kurze Stunden. Sie müssen also lediglich zwei Tage darauf verwenden, einen klaren Beweis für das Vorhandensein des Feldes zu erwarten. Rechnen Sie damit, dass das Feld des Potenzials Ihnen ein klares, wirklich eindrucksvolles Signal schickt. Erwarten Sie diese Botschaft mit ganzem Herzen. Wie jede gute Hypothese ist auch diese falsifizierbar. Wenn Sie während der 48 Stunden nichts vom FP hören, steht es Ihnen natürlich frei, das Ganze als Unfug abzuschreiben.

1. Legen Sie einen genauen Zeitpunkt fest, an dem das Experiment beginnt. Bei mir funktioniert »Jetzt!« sehr gut.

2. Notieren Sie Uhrzeit und Datum.

3. Bitten Sie das FP, Ihnen seine Gegenwart zu demonstrieren. Bitten Sie um ein Geschenk. Wenn Sie möchten, können Sie die »Absicht« oder »Kontaktaufnahme« verwenden, die Sie im nachfolgenden Laborprotokoll finden. Oder Sie formulieren Ihre eigene.

Das ist alles. Legen Sie los! Und beobachten Sie.

Laborprotokoll

1. Experiment: Das Beweis-es-mir-Prinzip

Prinzip: *Das Beweis-es-mir-Prinzip*

Die Theorie: Es gibt eine unsichtbare energetische Kraft oder ein Feld unbegrenzter Möglichkeiten. Und dieses Feld steht uns allen zur freien Verfügung.

Die Frage: Existiert das FP?

Die Hypothese: Wenn es eine energetische Kraft gibt, die allen Menschen rund um die Uhr frei zugänglich ist, kann ich jederzeit Verbindung zu ihr aufnehmen, und zwar einfach, indem ich mich auf sie konzentriere. Und wenn ich diese Macht um ein Geschenk bitte, dafür einen Zeitrahmen nenne und klare Anweisungen gebe, wird sie mir dieses Geschenk schicken und sagen: »Gern geschehen.«

Zeitraum: 48 Stunden

Heutiges Datum: _____ *Uhrzeit:* _____

Frist, bis zu der das Geschenk geliefert werden soll:

_____

Die Kontaktaufnahme: Weißt du, FP, die Leute reden schon über dich. Sie fragen sich: »Gibt es dieses sogenannte Feld des Potenzials überhaupt?« Ich meine, also wirklich, was ist denn schon dabei, hier herunterzukommen und mit diesem Versteckspiel aufzuhören, das du schon so lange spielst? Ich gebe dir jetzt genau 48 Stunden Zeit, mir zu beweisen, dass es dich gibt. Ich will ein klares Zeichen, einen Beweis, der sich nicht als bloßer Zufall abtun lässt.

Forschungsnotizen: _____

_____

_____

_____

_____

_____

_____

_____

_____

_____

»Wir verfügen jetzt über eine spirituelle Wissenschaft,
die absolut verifizierbar und objektiv ist.«

Amit Goswami, theoretischer Physiker

2. EXPERIMENT

DAS TOYOTA-PRIUS-PRINZIP

Du beeinflusst das Feld und ziehst aus ihm
das in dein Leben, was deinen Glaubenssätzen
und Erwartungen entspricht

> »Wunder sind wie Pickel. Wenn du anfängst, nach ihnen
> zu suchen, findest du mehr, als du je gedacht hättest.«
>
> *Lemony Snicket (eigentlich Daniel Handler), Autor der*
> *Kinderbuchserie »Eine Reihe betrüblicher Ereignisse«*

Die Prämisse

Das, was uns im Leben begegnet, ist ein direktes Spiegelbild unserer Gedanken und Gefühle. Meine Freundin Linda erzählte mir eine verblüffende Geschichte über eine junge Frau, die sie einmal am Flughafen beobachtete. Dieses arme junge Ding mühte sich mit drei schweren Taschen ab. Aber noch schlimmer als ihr unhandliches Gepäck war ihre alles andere als positive Einstellung. Voller Inbrunst schrie sie ihren Frust über die fehlende Hilfe heraus.

»Warum«, rief sie, »braucht dieser Bus so lange? Wo zum Teufel bleibt dieser Bus? Das lasse ich mir nicht bieten!«

Linda sagte, möglicherweise hätte sie Mitleid mit ihr gehabt – hätte besagter Bus nicht genau vor ihrer Nase gestanden, nur zwei Meter entfernt, mit weit geöffneten Türen. Der Bus fuhr ab und kehrte nach kurzer Zeit zurück, um die nächsten Passagiere zu befördern, aber die zornige junge Frau sah ihn nicht. Sie hatte sich dermaßen in eine Wolke aus Mühsal und Wut gehüllt, dass der Bus sich buchstäblich außerhalb ihrer energetischen Sphäre befand.

Deshalb habe ich dieses Prinzip nach einem Automodell benannt, das wegen seiner Fortschrittlichkeit gerade ziemlich angesagt ist. Wenn so ein neues Modell oder Produkt in Ihre Bewusstseinssphäre gelangt, haben Sie den Eindruck, dass es Ihnen auf Schritt und Tritt begegnet.

Und genauso verhält es sich mit Dingen, die wir nicht haben wollen, mit denen wir uns aber gedanklich oft beschäftigen.

Mangel, Unglück und Gefahr sind gewiss nicht verbreiteter als ein Toyota Prius, aber wenn wir sie in unser Bewusstsein holen, fangen sie an, unser Leben zu beherrschen.

Physiker sagen, dass es ein Nullpunkt-Feld gibt (ich nenne es Feld des Potenzials oder kurz FP). In diesem Feld existieren sämtliche Möglichkeiten. Zum Beispiel existiert die Möglichkeit, dass Sie Tänzerin werden. Eine andere Möglichkeit könnte sein, dass Sie Berufspolitikerin werden. Eine dritte mag darin bestehen, dass Sie als Verkäuferin im Supermarkt arbeiten. Das FP hält für uns Möglichkeiten in unendlicher Vielfalt bereit.

Ich bin keine Physikerin und habe schon Schwierigkeiten, David Bohms Namen richtig zu buchstabieren, ganz zu schweigen davon, seine Theorie der übereinandergeschichteten Realitäten zu verstehen. Daher ziehe ich es vor, mir das Feld als gigantischen Supermarkt mit Hunderttausenden von »Produkten« oder Möglichkeiten vorzustellen. Ich persönlich ziehe es vor, in kleinen Geschäften einzukaufen. Da mein Budget als alleinerziehende Mutter aber begrenzt ist, muss ich mich gelegentlich doch zum Besuch gewisser Super-Discounter herablassen. Wenn ich dort hingehe, weiß ich genau, wo ich die Stoffe, die Puzzles und die

Kinderschuhe finde – eben genau die Dinge, die ich dort zu kaufen pflege. Die hunderttausend anderen Produkte in den Regalen
würdige ich keines Blickes.

Warum? Weil sie nicht das sind, wonach ich suche.

Das bedeutet nicht, dass sie nicht da wären. Sie sind ebenso
real wie die Puzzles und die Schuhe. Ich bin mir nur ihrer An-
wesenheit nicht bewusst. Meine Tochter kam eines Tages mit
Kopfläusen aus der Schule. Nachdem ich kurzzeitig in Panik geriet und überlegte, ob ich mich von der nächsten Brücke stürzen
sollte, entschied ich mich dann doch, ein gutes elterliches Vorbild
zu sein, und machte mich auf, Läuse-Shampoo zu kaufen. Im
entsprechenden Regal im Supermarkt entdeckte ich gleich mehrere Sorten davon. Warum waren sie mir nie zuvor aufgefallen?

Weil ich nicht nach ihnen gesucht hatte.

Die Ketten, die uns fesseln

> »Deine ärgsten Sinnestäuschungen,
> bizarrsten Fantasien und
> schwärzesten Albträume sind
> vollkommen unbedeutend.«
>
> »*Ein Kurs in Wundern*«

Vor ein paar Jahren wurden im Rahmen einer Werbeaktion hundert Reisen verlost. Die glücklichen Gewinner durften sich selbst
ein Wunschreiseziel aussuchen – das heißt, wenn sie wollten,
konnten sie beispielsweise einen romantischen Trip nach Paris
buchen, zum Felsenklettern am Ayers Rock nach Australien fliegen oder zum Tauchen in die Karibik. Und wissen Sie was? Fünf-

undneunzig Prozent der Gewinner wählten ein Reiseziel, das höchstens vier Stunden von zu Hause entfernt lag. Vier Stunden.

Das veranschaulicht perfekt, wie es um uns Menschen bestellt ist! Es gäbe so viel dort draußen zu entdecken, aber die meisten von uns wollen sich maximal vier Stunden von ihrer »Wohlfühlzone« entfernen. Wir bleiben lieber daheim hocken, auch wenn es reichlich Beweise gibt, dass uns dadurch Großes entgeht. Ohne uns dessen bewusst zu sein, verbringen wir den größten Teil unserer Tage in der Wohlfühlzone unserer Negativität. Die Attraktivität des Negativen ist so stark, dass viele Menschen ständig von einem deprimierenden Gedanken zum nächsten navigieren: *Ich habe schon wieder verschlafen. Dieser Krieg ist verbrecherisch. Mit der Wirtschaft geht es bergab. Das Benzin wird immer teurer. Mein Chef (mein Kind oder mein _____) treibt mich in den Wahnsinn.*

Negativität und Angst beginnen gleich nach unserer Geburt: »Die Welt dort draußen ist gefährlich, Jimmy. Rede niemals mit Fremden. Sing bloß nicht im Supermarkt dieses alberne Lied. Jemand könnte dich hören.«

Wir lernen, uns einzuschränken. Wir lernen, an den Mangel zu glauben. Wir lernen, dass unsere natürliche Neigung, zu lieben, kreativ zu sein und zu tanzen, unpraktisch und verrückt ist.

Unsere Eltern halten es für ihre selbstverständliche Pflicht, uns beizubringen, dass wir vorsichtig und verantwortungsbewusst sein, uns also wie Erwachsene benehmen sollen. Und sollten wir zu den Glücklichen gehören, denen ihre Eltern solche Lektionen ersparen, ist unsere Kultur dennoch eifrig bestrebt, uns zu indoktrinieren. Sie trichtert uns ein, unser Lebenssinn wäre es, materielle Dinge anzuhäufen, und harte, mühselige Arbeit wäre der einzige Weg dorthin. Schon in der Grundschule versucht man, uns zu Meistern im Konkurrenzkampf zu machen, zu Profis eines Lebens voller Mangel und Angst.

Aber wissen Sie was? Das alles ist lediglich ein großer Schwindel, eine schlechte Angewohnheit. In *Ein Kurs in Wundern* heißt es unmissverständlich: »Habt ihr erst einmal ein Gedankengebäude entwickelt, lebt ihr danach und gebt es an andere weiter.« Haben Sie einmal eine feste Überzeugung entwickelt, richten Sie alle Ihre Sinne darauf, sie am Leben zu erhalten. Physiker nennen dieses Phänomen »das Kollabieren der Welle«. Draußen im universellen Feld tanzen unendlich viele Quantenpartikel und breiten sich wellenförmig aus. Sobald jemand diese Energiewellen anschaut, verfestigen sie sich wie Gelatine im Kühlschrank. Erst der Umstand, dass sie von Ihnen beobachtet werden, lässt sie fest, real, materiell erscheinen.

Im Disney-Zeichentrickfilm *Schneewittchen* gibt es eine Szene, in der Schneewittchen weinend auf dem Waldboden liegt. Sie hat das Gefühl, alle diese Augen würden sie anstarren. Und tatsächlich huschen Dutzende von Waldgeschöpfen umher. Aber sobald sie ihren Kopf hebt, um hinzuschauen, verbergen sich all die niedlichen kleinen Vögel, Eichhörnchen und Rehe hinter Bäumen. Schneewittchen sieht nur einen dichten, reglosen Wald.

In Wirklichkeit ist unser Universum ein tanzendes Energiefeld voll grenzenloser Möglichkeiten. Doch weil unsere Augen starr auf den Problem-Modus ausgerichtet sind, scheint er unsere Realität zu sein.

Es *sieht aus* wie die Realität
(oder: Du siehst, was du glaubst)

> »Du kannst dich nur befreien, wenn du erkennst,
> dass du selbst die Ketten schmiedest, die dich fesseln.«
>
> *Arten in »Die Illusion des Universums« von Gary Renard*

Im Jahr 1970 führten die beiden Cambridge-Wissenschaftler Colin Blakemore und G. F. Cooper ein faszinierendes Experiment mit jungen Katzen durch. Offenbar meldeten sich damals noch keine Tierschutz-Aktivisten lautstark zu Wort, denn Blakemore und Cooper hielten einen Wurf kleiner Kätzchen in völliger Dunkelheit. Nur einmal täglich zeigte man ihnen für ein bis zwei Stunden eine Reihe von senkrechten schwarzen und weißen Streifen. Mehr nicht. Die Tierchen bekamen nichts zu sehen außer diesen Streifen für ein, zwei Stunden. Ich weiß nicht, ob ein Vorläufer von PETA ihnen im Nacken saß oder sie ihr Gewissen plagte, jedenfalls entließen sie die Kätzchen nach ein paar Monaten aus der Dunkelheit. Die Forscher entdeckten, dass jene kortikalen Zellen der Kätzchen (Zellen im Augapfel – für die nicht wissenschaftlich orientierten unter meinen Leserinnen und Lesern), die für die Wahrnehmung nicht vertikaler Muster zuständig sind, in eine Art Winterschlaf gefallen waren. Die Tiere konnten horizontale Linien nicht mehr erkennen. Sie liefen gegen Schnüre, die horizontal vor ihnen aufgespannt wurden.

Als der Anthropologe Colin Turnbull 1961 sich zu Forschungszwecken bei den Pygmäen aufhielt, brachte er einen Angehörigen dieses Volkes aus dem Wald heraus, in dem sie normalerweise lebten. Da der Pygmäe sich noch nie in weitem, offenem Gelände aufgehalten hatte, war seine räumliche Tiefenwahrnehmung stark eingeschränkt, ganz ähnlich der erworbenen Unfähigkeit der kleinen Katzen, horizontale Linien zu sehen. Turnbull zeigte auf eine Herde Büffel in der Ferne, doch der Pygmäe mit seiner verzerrten Tiefenwahrnehmung wollte nicht glauben, dass es sich wirklich um Büffel handelte. »Sie sind so klein. Es *müssen* Ameisen sein«, beharrte er. Seine Wahrnehmung war durch seine erlernte Art des Sehens beeinflusst.

Als denkende Wesen sind wir ständig bestrebt, unsere Welt zu deuten, ihr einen Sinn zu verleihen. Klingt gut, nicht wahr? Es hat nur einen Haken: Leider ändern wir, ohne uns dessen bewusst zu sein, jede Information, die nicht so recht mit unseren Glaubenssätzen zusammenpassen will, und machen sie passend. Wir stutzen alles schön zurecht und stopfen es in die enge Schublade unserer beschränkten Überzeugungen.

Wir glauben, das, was wir mit unseren Sinnen wahrnehmen, entspräche der Realität. Aber – und das möchte ich Ihnen wirklich einhämmern – es ist nur ein Millionstel Prozent dessen, was möglich ist!

Im Hirnstamm gibt es eine Zellgruppe, groß wie ein Bonbon, deren Aufgabe darin besteht, eingehende Daten zu sortieren und auszuwerten. Dieses Kontrollzentrum, bekannt als retikuläres Aktivierungssystem (RAS), sendet das, was es als dringend einstuft, in den aktiven Teil des Gehirns, während die nicht so dringlichen Informationen im Hintergrund gespeichert werden. Doch während das RAS die Daten organisiert, ist es auch fleißig dabei, zu interpretieren, Schlussfolgerungen zu ziehen und alles herauszufiltern, was im Widerspruch zu dem steht, woran wir glauben.

Mit anderen Worten, wir legen uns die Welt so zurecht, wie wir sie sehen wollen. Was wir sehen, ist fast wie ein von uns selbst fabrizierter Film. Nur leider mit einem schlechten Drehbuch.

Dieses einfache 48-Stunden-Experiment wird Ihnen beweisen, dass Sie im Leben genau das sehen, wonach Sie suchen. Es wird außerdem beweisen, dass es möglich ist, *alles* zu finden, wonach Sie suchen. Und, das ist am wichtigsten: Es wird beweisen, dass Sie, indem Sie beginnen, nach etwas anderem zu suchen, eine radikale Veränderung in Ihrem Leben auslösen können.

Anekdotische Beweise

> »Toto, ich glaube, wir sind nicht mehr in Kansas.«
>
> *Dorothy in »Der Zauberer von Oz«.*
> *Als Autoaufkleber gesehen in Lawrence, Kansas*

Vermutlich haben Sie noch nie von Peter und Eileen Caddy gehört. Aber ich wette, der Name Findhorn sagt Ihnen etwas. Erinnern Sie sich an diesen Garten in Schottland, wo unglaublich große Kohlköpfe wachsen? Nun, Peter und Eileen Caddy waren die Leute, die diese vierzig Pfund schweren Kohlköpfe anbauten (bedenken Sie, dass der durchschnittliche Kohlkopf vier Pfund wiegt). Das gelang ihnen, indem sie ihr Denken auf eine höhere Wahrheit ausrichteten.

Ansonsten sprach rein gar nichts dafür, dass aus Findhorn etwas werden würde. Als die Caddys, ihre drei Söhne und die befreundete spirituelle Sucherin Dorothy McLean sich in einem Wohnwagen auf der windumtosten Halbinsel an der Nordsee niederließen, war das Land dort vor allem eines: leblos und scheinbar unfruchtbar. Kein vernünftiger Mensch hätte sich diesen tristen Flecken ausgesucht, um einen Garten anzulegen. Der Boden bestand aus Steinen und Sand, der Wind war stark genug, um Gärtner umzupusten, und ihr neues Zuhause lag zwischen einem Müllplatz und einer baufälligen Garage. Doch indem sie sich von einer höheren Wahrheit leiten ließen, erschufen sie einen Garten, der ein echtes Wunder ist. Zwar erlangten vor allem die Kohlkopf-Vierzigpfünder Berühmtheit, aber die Caddys bauten noch 65 andere Gemüsesorten an, außerdem 21 Obstsorten und 42 verschiedene Kräuter. Und dann fingen sie auch noch an, Blumen zu züchten.

Ich weiß, was Sie denken: guter Kompost und fachkundige ökologische Landwirtschaft. Doch in Wahrheit war der Boden dort so mies, dass der örtliche Agrarberater sagte, noch nicht einmal Kompost könne hier etwas ausrichten. Als die Caddys mit ihrem Experiment begannen, sich vom höheren Bewusstsein anleiten zu lassen, hatten sie noch nie gegärtnert, und sie hatten auch nicht das Geld, entsprechende Gerätschaften und dergleichen anzuschaffen. Kurz gesagt, sie waren restlos pleite. Peter, der zuvor ein erfolgreiches Hotel geleitet hatte, war arbeitslos, und sie mussten zu sechst mit umgerechnet etwa 20 Dollar pro Woche auskommen.

Dass sie anfingen, Gemüse anzubauen, hatte nur einen Grund: Sie hofften, damit die Ernährung ihrer drei heranwachsenden Jungen aufzubessern. Als sie aber ihr Bewusstsein ganz an der spirituellen Wahrheit ausrichteten und an nichts anderem, passierten die erstaunlichsten Dinge. Genau als es Zeit zum Mulchen war, fielen Strohballen von vorbeifahrenden Lastwagen. Im Müll eines Nachbarn tauchten Zementsäcke auf, gerade als sie eine Veranda bauen wollten. Während das Gemüse der Nachbarn kränkelte, wurden die von ihnen angebauten Pflanzen stark und widerstandsfähig gegen Krankheiten und Schädlinge. Dieses erstaunliche Geschehen sprach sich herum, und immer mehr Menschen kamen, um den Garten der Caddys zu bewundern.

Heute ist Findhorn eine florierende spirituelle Gemeinschaft, die jährlich 14 000 Besucher anzieht.

Peter sagte dazu: »Mit deinem Denken kannst du so ziemlich alles bewerkstelligen. Stimme dich ein auf das Gottesbewusstsein, dann kannst du die Wahrheit materielle Gestalt annehmen lassen. Du erschaffst, was du denkst.«

Keine Macht auf Erden kann Sie von dieser Quelle trennen, nur Sie selbst mit Ihrem eigenen Bewusstsein.

Die Methode

> »Alles, was wir sehen, ist nur eine Annahme,
> eine Vorhersage unseres Gehirns.«
>
> *Kurt Andersen, Autor des Romans »True Believers«*

Während der nächsten 48 Stunden (das ist alles – Sie müssen nur, ganz schmerzlos, zwei Tage opfern; sobald das Experiment vorüber ist, steht es Ihnen frei, Ihr bisheriges miserables Leben wieder aufzunehmen) werden Sie aktiv nach bestimmten Dingen Ausschau halten. Und so wie Biologieschüler keine Menschen sezieren, sondern mit etwas Einfachem beginnen, Würmern zum Beispiel, fangen auch Sie klein an – mit grünen Autos. Wenn Ihnen das nicht gefällt, wählen Sie eine andere Farbe, Sonnenuntergangsbeige meinetwegen. Für die ersten 24 Stunden des Experiments wählen Sie die folgende bewusste Absicht: »Hiermit erkläre ich meine feste Absicht, während meines folgenden Lebenstages (okay, Sie haben gewonnen) gezielt nach Autos in Sonnenuntergangsbeige Ausschau zu halten.«

Mehr ist nicht erforderlich. Konzentrieren Sie sich immer wieder auf Ihre Absicht und halten Sie die Augen offen. Achten Sie einfach darauf, ob Ihre bewusste Aufmerksamkeit bewirkt, dass Sie mehr Autos in diesem Farbton sehen als sonst.

Am zweiten Tag, also während der zweiten 24-Stunden-Phase, entscheiden Sie sich für die Absicht, stattdessen gelbe Schmetterlinge zu finden. Oder, wenn Sie das bevorzugen, zum Beispiel violette Vogelfedern. Entscheiden Sie sich einfach für etwas Bestimmtes, wonach Sie Ausschau halten wollen.

Meine Freundin Jeanette machte das Experiment im Januar, im kalten Winter von Michigan. Sie entdeckte gelbe Schmetterlinge auf Briefpapier und auf einem Pappbecher bei einem Kindergeburtstag.

Eine andere Freundin, Angela, las im Flugzeug *The Secret – Das Geheimnis*. In diesem beliebten Buch über das kosmische Gesetz der Anziehung wird den Lesern empfohlen, sich auf die Absicht zu fokussieren, einen Kaffee spendiert zu bekommen. Sie musste lachen, weil in diesem Moment die Stewardess nur noch zwei Sitzreihen von ihr entfernt war und gleich die unvermeidliche Flugbegleiterfrage stellen würde: »Kaffee, Tee oder Wasser?«

»Das gilt nicht«, sagte sie zu sich, formulierte aber im Geist die empfohlene Absicht und las dann weiter. Als sie kurze Zeit später im Flughafenterminal auf ihren Anschlussflug wartete, beugte sich ein Fremder vor, der in ihrer Nähe saß. »Mein Flug wurde gerade aufgerufen«, sagte er. »Ich brauche beide Hände fürs Gepäck und kann ihn nicht mitnehmen. Ich habe noch nichts davon getrunken. Möchten Sie ihn?« Sicher ahnen Sie es schon – er schenkte ihr einen frisch aufgebrühten, duftenden Starbucks-Kaffee.

Laborprotokoll

2. Experiment: Das Toyota-Prius-Prinzip

Prinzip: *Das Toyota-Prius-Prinzip*

Die Theorie: Du beeinflusst das Feld und ziehst aus ihm das in dein Leben, was deinen Glaubenssätzen und Erwartungen entspricht.

Die Frage: Sehe ich wirklich nur, was ich zu sehen erwarte?

Die Hypothese: Wenn ich mich dafür entscheide, nach sonnenuntergangsbeigen Autos und nach Schmetterlingen (oder violetten Vogelfedern) Ausschau zu halten, werde ich sie finden.

Zeitraum: 48 Stunden

Heutiges Datum: _____ *Uhrzeit:* _____

Die Kontaktaufnahme: Wenn diese verrückte Pam Grout recht hat, spiegelt mir meine Umwelt wider, was ich zu sehen wünsche. Sie behauptet, dass nur meine eigenen Illusionen mich davon abhalten, Frieden, Freude und Liebe zu erleben.

Also werde ich, obwohl sie möglicherweise nicht ganz richtig im Kopf ist, heute nach sonnenuntergangsbeigen Autos Ausschau halten. Und morgen werde ich Schmetterlinge jagen.

a. Anzahl beobachteter sonnenuntergangsbeiger Autos: _____

b. Anzahl beobachteter Schmetterlinge: _____

Forschungsnotizen: _____

_____

_____

_____

_____

_____

_____

_____

_____

_____

_____

»Wunder geschehen nicht im Widerspruch zur Natur,
sondern nur im Widerspruch zu dem,
was über die Natur bekannt ist.«

Augustinus, lateinischer Philosoph und Theologe

3. EXPERIMENT

DAS ALBY-EINSTEIN-PRINZIP

Auch du bist ein Energiefeld

> »Es ist unter deinen Fingern, Baby.
> Verstehe es doch – alles ist zum Greifen nah.«
>
> *Ray Charles, amerikanischer Sänger und Pianist*

Die Prämisse

Ich will Sie nicht mit einem langen Text über Quantenphysik langweilen. Ich habe Dutzende von ihnen gelesen, und glauben Sie mir, sie sind wenig unterhaltsam. Aber es sind da ein paar Gerüchte in Umlauf, mit denen unbedingt aufgeräumt werden muss, ehe wir fortfahren.

Gleich zu Anfang: Sie sind nicht das, was Sie zu sein glauben.

Sie glauben, Ihre Lebensspanne sei begrenzt – so um die 70 bis 80 Jahre –, und dann werden Sie schrumpelig, bekommen Rheuma und beißen ins Gras. Das war's dann. Aber das ist genauso wenig wahr wie Ihr süßer, unanständiger Traum in der letzten Nacht.

Ihr Körper ist ein Schwindler, nur ein winziger Bruchteil dessen, was Sie wirklich sind. Neunundneunzig Prozent von dem, was Sie sind, ist unsichtbar und nicht physisch greifbar. Dieser Körper, den ich für Pam Grout halte – diese dünne, eins siebenundsiebzig große Frau, die ständig Probleme mit ihrem Teint hat –, ist nur ein Staubkorn innerhalb meines wahren Seins. Er hat keinen größeren Anteil an meinem wirklichen Ich als das zwei Monate alte Baby, das ich einmal war, jenes, das auf den alten Fotos diese peinliche rosa Mütze trägt.

Aber grämen Sie sich nicht, weil Sie in die Falle getappt sind, sich selbst, Ihren Körper und die Sie umgebende Welt für bloße Materie gehalten zu haben. Es ist nicht leicht, an vorderster Front einer Revolution zu stehen. Diese neuen Ideen, die von der Wissenschaft erst ganz allmählich ernst genommen werden, stellen alles infrage, was wir bisher über die Welt und uns selbst glaubten.

Die Wahrheit und nichts als die Wahrheit

> »Alles, was Sie über das Universum und seine Gesetze gelernt haben, ist zu 99,99 Prozent falsch.«
>
> *Fred Alan Wolf, amerikanischer Quantenphysiker*

Einstein entdeckte, und genau das bedeutet seine berühmte Gleichung $E = mc^2$, dass Masse und Energie zwei Erscheinungsformen der gleichen Sache sind. Energie ist befreite Materie, und Materie ist Energie, die darauf wartet, freigesetzt zu werden.

In jedem Lebewesen schlummert eine riesige Menge Energie – eine unglaublich gewaltige Menge. Nehmen wir an, Sie sind ein durchschnittlich großer Mensch. Dann enthalten Sie nicht weniger als 7 mal 10 hoch 18 (7×10^{18}) Joule potenzieller Energie. Das sagt Ihnen möglicherweise nicht viel, aber nehmen wir an, Sie möchten einmal so richtig für Aufsehen sorgen: Wenn Sie clever genug wären und wüssten, wie man diese Energie aktiviert, könnten Sie, indem Sie sich selbst zur Explosion bringen, die Zerstörungskraft von 30 sehr großen Wasserstoffbomben freisetzen.

Mit anderen Worten, die materielle Welt besteht eigentlich aus dicht gepackten Energiemustern.

Wissenschaftler haben alle diese subatomaren Partikel in einem Teilchenbeschleuniger miteinander kollidieren lassen und herausgefunden, dass es kein Ursprungspartikel gibt. Alles ist grenzenlose Energie, die so schnell schwingt, dass sie sich der Messung und Beobachtung entzieht. Auch wenn es für das bloße Auge anders aussehen mag, Sie sind Energie.

Tatsächlich gibt es nichts auf der Welt, was wirklich fest ist. Nicht Sie, nicht dieses Buch, nicht der Sessel, in dem Sie sitzen. Wenn Sie die feste Welt in ihre kleinsten Bestandteile zerlegen, stoßen Sie auf tanzende Elementarteilchen und leeren Raum. Das Ganze erscheint nur fest, weil die Energie etwas langsamer als mit Lichtgeschwindigkeit schwingt.

Was also ist Energie? Schwingende Teilchen. Das bedeutet, dass Sie, dieses Buch und der Sessel eigentlich schwingen.

Energie ist eine ziemlich nebulöse Sache. Zwar können Sie sie nicht sehen, nicht an ihr kratzen oder sie zum Essen einladen. Aber Sie können (und tun es jeden Tag) beeinflussen, wie die Energie in Ihnen fließt. Und da Energie das Baumaterial ist, aus dem alles im Universum besteht, ist das eine sehr machtvolle Sache.

Probieren Sie das folgende Experiment aus, das von der Energie-Pionierin Donna Eden stammt.

1. Bewegen Sie die Handflächen zueinander, als wollten Sie klatschen, halten Sie sie aber in einem Abstand von etwa fünf Zentimetern.

2. Drehen Sie nun die Handgelenke, sodass Ihre Arme ein X bilden. Die Handgelenke sollten sich im Mittelpunkt

des X befinden und weiterhin fünf Zentimeter
voneinander entfernt sein.

3. Richten Sie Ihre Aufmerksamkeit auf den Raum
   zwischen Ihren Handgelenken. Da Ihre Handgelenke
   mehrere Energiezentren enthalten, werden die Energien
   sich verbinden, und höchstwahrscheinlich werden
   Sie im Raum dazwischen etwas spüren.

4. Bewegen Sie Ihre Handgelenke näher zueinander und
   dann vor und zurück, sodass Sie den Abstand zwischen
   ihnen abwechselnd um einige Zentimeter vergrößern
   und verkleinern.

Sehen Sie? Was habe ich Ihnen gesagt? Sie sind Energie. Und in
jedem Augenblick Ihres Lebens formen und gestalten Sie diese
Energie mit Ihrem Bewusstsein. Das tun Sie mit jedem Gedanken, jeder Absicht, jeder Handlung. Die Art, wie Sie sich fühlen,
das, woran Sie glauben, die Wertvorstellungen, die Sie für richtig
halten – von alledem, davon also, wie Sie Ihr Leben leben, hängt
ab, wie die Energie in Ihnen und durch Sie fließt. Einfach ausgedrückt, es beeinflusst, welche Schwingungen Sie in sich tragen
und ausstrahlen.

Und von Ihren Schwingungen hängt ab, was Sie aus dem ver-
wobenen, in ständiger Bewegung befindlichen Energiefeld, in
dem Sie schwimmen, in Ihr Leben ziehen. Sie ziehen stets genau
das an, was auf der gleichen Frequenz oder Wellenlänge schwingt.

Sagen wir, Sie fühlen sich freudig erregt, vergnügt und dank-
bar. Diese Emotionen senden hochfrequente Schwingungen aus,
die dann magnetisch weitere Dinge anziehen, die in Ihnen ebenfalls freudige Erregung, Vergnügen und Dankbarkeit auslösen.

Alles, was auf der gleichen hohen Frequenz schwingt, wird in Ihr Energiefeld überspringen. Sind Sie jedoch voller Furcht, von Schuldgefühlen geplagt und überzeugt, dass hinter jeder Ecke ein Terrorist lauert, strahlen Sie niedrige Schwingungen aus, mit denen Sie hässliche Dinge in Ihr Leben ziehen.

Wir ziehen stets das an, was unserer Schwingungsfrequenz entspricht. Wir selbst erzeugen unsere Frequenzen. Deshalb sind wir die »Magneten«, also die Ursache.

Das funktioniert genau wie eine Stimmgabel. Wenn Sie in einem Raum voller Stimmgabeln einen bestimmten Ton anschlagen, werden nur die Gabeln zu klingen beginnen, die genau auf dieser Frequenz schwingen. Gleiches zieht Gleiches an: Das ist ein klassisches physikalisches Gesetz.

Es gibt kein »Ich« und »Du«

> »Ein Mensch, der über die Quantenphysik
> nicht schockiert ist, hat sie nicht verstanden.«
>
> *Niels Bohr, dänischer Physiker*

Als ob das alles nicht schon sonderbar genug wäre, möchte ich noch ein weiteres klitzekleines Detail anfügen. Jedes Ding in der uns bekannten materiellen Welt ist mit jedem anderen verbunden. Auch Sie sind mit einem allem zugrunde liegenden universalen Energiefeld verbunden und interagieren mit ihm. »Das Feld«, so sagte es der gute alte Alby Einstein, »ist die einzige Realität.«

Die Dinge scheinen voneinander getrennt zu sein, weil sie auf unterschiedlichen Wellenlängen schwingen, so wie der Ton C auf einer anderen Wellenlänge schwingt als der Ton B. Jede dieser

Schwingungen erzeugt im elektromagnetischen Feld eine Resonanz, und das Feld leitet die Energie dann an die richtige Stelle und sagt ihr, was sie tun soll.

Dieses pulsierende Energiefeld ist die zentrale Antriebskraft Ihres Seins und Bewusstseins. Wo befindet sich das Feld? Nun, es gibt keinen Ort, an dem es *nicht* ist! Alles im Universum hängt an diesem Energiefeld – alle Lebensformen, seien es afrikanische Zebras, die Funkien in Ihrem Garten oder schmelzende Eisberge. Ihre Intelligenz, Ihre Kreativität und Ihre Vorstellungskraft interagieren mit diesem großartigen und komplexen Energiefeld.

Vielleicht sehen wir wie verschiedene Körper mit unterschiedlichen Ideen aus, jedoch sind wir alle ein einziges pulsierendes, schwingendes Bewusstseinsfeld.

Anekdotische Beweise

> »Nicht das, was du nicht weißt, bringt dich
> in Schwierigkeiten, sondern das, was du sicher zu
> wissen glaubst, obwohl es gar nicht wahr ist.«
>
> *Mark Twain, amerikanischer Schriftsteller*

Edwene Gaines ist eine Unity-Geistliche, die ich besonders mag. Sie ist witzig, sie ist geistreich und sie weiß, wie spirituelle Prinzipien funktionieren. In ihren Wohlstandsseminaren, die sie überall in den USA veranstaltet, zeigt sie den Leuten, wie man ein erfülltes, auf Gott ausgerichtetes Leben führt.

Aber wie wir alle musste auch Edwene durch Versuch und Irrtum lernen, was es mit den spirituellen Prinzipien auf sich hat. Vor längerer Zeit stand für Edwene ihre »erste große Demonstration« bevor. Die Anhänger der Unity-Kirche bezeichnen es als

Demonstration, wenn jemand etwas aus dem Nichts – oder jedenfalls mehr oder weniger aus dem Nichts – manifestiert.

Zu der Zeit, als Edwene ihre erste Demonstration vornehmen sollte, waren spirituelle Prinzipien noch relativ neu für sie. Und sie war damals finanziell am Ende, hatte buchstäblich keinen Cent mehr in der Tasche.

Aber ihr spiritueller Lehrer beharrte darauf, dass Gott sie nicht nur liebte, sondern dass er die Tore des Himmels für sie öffnen und seine Segnungen über sie ausschütten wollte – wenn sie nur lernte, ihre Energie in die richtigen Bahnen zu lenken. Doch zuerst musste sie sich darüber klar werden, was sie eigentlich wollte und wann.

Das war einfach. In nur fünfzehn Minuten schrieb Edwene einen ganzen Notizblock voll, so viele Wünsche hatte sie – neue grüne Schuhe, einen neuen Lebenspartner, ein neues Auto und so weiter.

Außerdem entschied sie, dass sie gerne eine Woche in Mexiko-Stadt Urlaub machen wollte. Dort war sie noch nie gewesen, aber sie sagte sich, dass sie in Mexiko gut ihr Spanisch auffrischen könnte. Außerdem wollte sie immer schon die Sonnenpyramide, die Mondpyramide und Diego Riveras Bilder anschauen.

Edwene hatte kein Geld für eine solche Reise. Daher schrieb sie diesen Wunsch, wie sie sagt, »mehr zum Scherz« auf. Aber sie dachte: Na und, was soll's? Sie schaute sich sogar Prospekte an und drei Monate vor dem Reisedatum, das sie in ihrer Wunschliste notiert hatte, betrat sie schüchtern das Reisebüro und nahm eine vorläufige Reservierung vor.

»Ich sagte mir: Das Schlimmste, was passieren kann, ist, dass ich mich vor den Angestellten des Reisebüros blamiere, wenn ich nicht zahlen kann«, erzählte Edwene ihrem Lehrer.

»So etwas denken Sie nur, weil Sie sich nicht reich fühlen«, sagte ihr Lehrer. »Sie strahlen nicht die Schwingungen eines reichen Menschen aus.«

»Na, das ist ja auch kein Wunder«, erwiderte Edwene. »Sie müssten sich mal meine Kontoauszüge anschauen! Ich kann ja kaum meine Stromrechnung bezahlen.«

»Deshalb sollten Sie unbedingt etwas tun, was Ihnen das Gefühl gibt, reich zu sein«, beharrte ihr Lehrer.

Edwene befand, das Lebensmittelgeschäft sei ihre größte Herausforderung. »Ich gehörte zu den Leuten, die sich nur das Nötigste gönnen – Bohnen, Brot, Mehl, ausschließlich Grundnahrungsmittel«, sagt sie. »Ich leistete mir keine Leckerbissen und auch kein Schaumbad. Ich lebte sehr, sehr sparsam.«

Als sie das nächste Mal einkaufte, wagte sie einen Abstecher zur Feinkost-Theke, nur um einen Blick darauf zu werfen. Sie entdeckte ein Glas mit Mandeln gefüllter Oliven. Sie schaute es an und sagte sich, dass reiche Leute solche Dinge aßen.

Und so kaufte sie es, ging nach Hause und rief ihre Freundin Lana an.

»Lana, ich komme dich besuchen. Wir setzen uns an deinen Pool und trinken aus deinen schönsten Gläsern diesen Wein, den du gerade gekauft hast. Wir essen die Oliven, die ich besorgt habe, und tun so, als wären wir auf einer exotischen Urlaubsreise in Mexiko-Stadt.«

»Wie bitte?« Lana war ziemlich erstaunt.

Sie erklärte sich aber dann doch bereit mitzuspielen. Also saßen sie an Lanas Pool, tranken Wein, aßen Oliven, lachten und spielten, sie würden in Mexiko-Stadt Urlaub machen.

»Welche Pyramide würdest du dir morgen gerne anschauen?«, fragte Edwene. »Oder sollen wir lieber an den Strand gehen?«

Und Lana antwortete: »Lass uns beides tun. Und danach schlendern wir über den Marktplatz und hören uns die Mariachis an.«

Das machte ihnen solchen Spaß, dass Lana auch gerne nach Mexiko-Stadt reisen wollte. Am nächsten Tag ging sie in dasselbe Reisebüro und reservierte ebenfalls.

Nach einer Woche bot Lanas Mutter an, Lana das Ticket zu bezahlen.

»Dabei war *ich* es doch, die die Affirmationen sprach«, scherzt Edwene heute.

Ein paar Wochen später rief das Reisebüro bei Edwene an. Man sagte ihr, sie müsse an diesem Tag kommen und die Reise bezahlen, sonst würde die Reservierung verfallen.

»Okay, ich komme gleich«, sagte Edwene zu der Angestellten, obwohl sie sich so arm fühlte wie eine Kirchenmaus. Sie stieg in ihr Auto und sagte sich, dass es an der Zeit war, ein ernstes Wörtchen mit Gott zu reden.

»Gott«, begann sie, »ich habe alles getan, was mir in dieser Sache möglich ist. Ich habe meine Wunschliste geschrieben. Ich habe fleißig Affirmationen wiederholt. Ich habe so getan, als wäre ich reich. Wie ich das sehe, bist du jetzt an der Reihe. Und, mein Lieber, da das Reisebüro angerufen hat, werde ich jetzt dorthin fahren. Also beschaffe mir irgendwie dieses Geld.«

Auf dem Weg in die Stadt machte sie, einer plötzlichen Ahnung folgend, am Haus ihrer Mutter halt.

»Vermutlich dachte ich, wenn ich meiner Mutter sage, dass Lanas Mutter ihr das Ticket bezahlt, würde sie meines bezahlen«, gesteht Edwene.

Sie besuchte also ihre Mutter, gab sich als die Liebenswürdigkeit in Person und erzählte ihrer Mutter von dem Urlaub, den sie und Lana planten. Als sie mit ihrer Geschichte fertig war, schaute sie ihre Mutter an und sagte: »Und weißt du was? Lanas Mutter bezahlt Lana sogar das Ticket. Ist das nicht wunderbar?«

»Oh ja, das ist es«, sagte Edwenes Mama. »Und wovon willst du dein Ticket bezahlen?«

Entmutigt beendete Edwene den Besuch. Als sie zur Tür ging, bat ihre Mutter sie, ihr noch die Post hereinzuholen.

Das Haus ihrer Mutter hatte eine lange Zufahrt. Edwene trottete also zum Briefkasten an der Straße, fluchte und kickte wütend gegen Steine. Auf dem Rückweg warf sie einen kurzen Blick auf die Post. Dabei entdeckte sie einen Brief, der an sie adressiert war. »Dabei wohnte ich schon seit 15 Jahren nicht mehr bei meiner Mutter, und seitdem war dort kein Brief für mich angekommen«, sagt sie.

Edwene, die mit dem Namen des Absenders nichts anfangen konnte, riss den Umschlag auf. Siehe da, der Brief stammte von einer früheren Mitbewohnerin. Edwene hatte sich vor 15 Jahren mit ihr ein Apartment geteilt. Damals waren sie beide jung, arm und gezwungen gewesen, das Apartment, wie Edwene es nennt, »im Stil der Heilsarmee« einzurichten.

Nach nur drei Monaten bekam Edwene einen Job als Lehrerin im Ausland und ließ die Mitbewohnerin, das Apartment und die alten Möbel hinter sich zurück.

In dem Brief stand:

Liebe Edwene,

im Telefonbuch von Houston habe ich die Adresse Deiner Eltern gefunden. Ich möchte Dir erzählen, dass ich geheiratet habe und mit meinem Mann in einem schönen neuen Haus wohne. Wir haben uns komplett neu eingerichtet, und deshalb habe ich die alten Möbel verkauft, die Du und ich vor 15 Jahren gemeinsam anschafften. Es stellte sich heraus – kaum zu glauben! –, dass einige dieser Möbelstücke ziemlich wertvoll sind. Ich fände es nicht anständig, das ganze Geld zu behalten. Schließlich haben wir beide doch damals hart dafür gearbeitet, dieses Apartment einrichten zu können. Deshalb lege ich diesem Brief einen Scheck über die Hälfte der Summe bei.

»Und weißt du was?«, sagt Edwene. »Es war genau der Betrag, den ich für mein Reiseticket benötigte, plus hundert Dollar Taschengeld!«

Zu dieser Geschichte gibt es noch eine lustige Fortsetzung. Lana und Edwene verbrachten einen herrlichen Urlaub in Mexiko-Stadt. Sie shoppten, saßen am Pool, fuhren zu den Pyramiden und schlenderten über die Märkte.

»Und, wohin wir auch gingen, überall bekam Lana Blumen geschenkt«, erzählt Edwene mir. »Wir gingen über den Marktplatz, und die Mariachis hörten auf zu spielen und schenkten ihr eine Gardenie. Eines Tages, als wir mit dem Bus unterwegs waren, steigt ein Mann ein, gibt Lana eine Rose und steigt gleich wieder aus. Ein anderes Mal, beim Mittagessen, wird eine große weiße Schachtel an unseren Tisch gebracht. Lana öffnet sie, und ein Dutzend Orchideen ist darin. Allmählich fing ich an, mich benachteiligt zu fühlen. Also sage ich zu Gott: ›Hör mal, ich möchte ein Zeichen, dass ich auch geliebt werde.‹«

Kurze Zeit später servierte der Kellner die Vorspeise. »Gott hat wirklich Sinn für Humor«, sagt Edwene lachend. »Weißt du, was es war? Mit Mandeln gefüllte Oliven!«

Die Methode

>»Die westliche Wissenschaft und eigentlich wir alle
sind in einer schwierigen Lage, denn wir können
unseren gegenwärtigen Seinszustand nur aufrechterhalten,
wenn wir eine enorme Menge an Informationen ignorieren.«<
>
> *Cleve Backster, Pflanzenforscher und ehemaliger CIA-Agent*

Dieses Prinzip gehört zwar zu den grundlegenden spirituellen Prinzipien (denken Sie daran, dass *spirituell* einfach das Gegenteil von *materiell* bedeutet), kam aber zum ersten Mal in einem Physiklabor ans Licht. Ja, Wissenschaftler waren es, die entdeckten, dass Menschen keine Materie sind, sondern sich unaufhörlich bewegende Energiewellen.

Mit diesem Experiment werden Sie beweisen, dass Ihre Gedanken und Gefühle ebenfalls Energiewellen erzeugen. Die Sache geht folgendermaßen:

Besorgen Sie sich zwei Kleiderbügel aus Draht (finden sich in den meisten Kleiderschränken). Entflechten Sie die Enden der beiden Bügel, sodass Sie zwei gerade Drähte erhalten. Das sind Ihre »Einstein-Zauberstäbe«. Oder besser gesagt, sie *werden* es, wenn Sie sie L-förmig zurechtbiegen, wobei der lange Teil 30 Zentimeter lang sein soll und der Griff 12 Zentimeter. Schneiden Sie einen Plastikstrohhalm (gibt es bei McDonalds) in der Mitte durch, schieben Sie den Griff das Zauberstabs, den Sie eben gebogen haben, in den halbierten Halm (so kann der Stab sich ungehindert hin- und herbewegen). Biegen Sie das untere Ende des Griffs so, dass der Strohhalm an seinem Platz gehalten wird, der Griff sich aber noch frei im Halm drehen kann.

Jetzt tun Sie so, als wären Sie ein revolverschwingender Wes-
ternheld, und halten die Zauberstäbe in Brusthöhe, etwa 25 Zentimeter vor dem Körper. Zuerst werden sie wild hin- und her-
schwingen (wie ich Ihnen schon sagte: Sie sind ein ständiger
Energiefluss!). Warten Sie also einen Moment, bis die Stäbe sich
beruhigt haben. Wenn sie nicht mehr herumschwingen, können
Sie mit dem Experiment beginnen.

Richten Sie den Blick geradeaus und erinnern Sie sich möglichst lebhaft an ein sehr unangenehmes Erlebnis aus Ihrer Vergangenheit. Abhängig von der Intensität Ihrer Emotion, werden
die Zauberstäbe entweder unbeweglich geradeaus zeigen (geringe
Intensität) oder sich zueinander drehen, also Spitze zu Spitze.
Die Stäbe folgen den elektromagnetischen Bändern, von denen
Ihr Körper umgeben ist. Aufgrund der negativen Frequenz, die
Sie durch die unangenehmen Gedanken und Emotionen erzeug-
ten, haben sich diese Bänder zusammengezogen.

Verändern Sie die Frequenzen nun positiv, indem Sie an etwas
Liebevolles und Erfreuliches denken. Die Zauberstäbe werden
nun nach außen zeigen, da Ihr Energiefeld sich wegen Ihres positiven Energieflusses ausdehnt.

Schauen Sie wieder geradeaus, lenken Sie aber Ihre Aufmerksamkeit auf einen Gegenstand, der sich rechts oder links von Ihnen befindet. Sie werden erleben, dass die Zauberstäbe Ihrer
Aufmerksamkeit folgen. Je mehr Sie mit diesem Phänomen spielen, desto besser wird es Ihnen gelingen, die Veränderung Ihrer
Schwingungen zu spüren, wenn Sie von einer Frequenz zu einer
anderen wechseln.

Laborprotokoll

3. Experiment: Das Alby-Einstein-Prinzip

Prinzip: *Das Alby-Einstein-Prinzip*

Die Theorie: Du bist ein Energiefeld innerhalb eines noch größeren Energiefeldes.

Die Frage: Stimmt es tatsächlich, dass ich aus Energie bestehe?

Die Hypothese: Wenn ich Energie bin, kann ich meine Energie bewusst lenken.

Zeitraum: Zwei Stunden für die Versuche.

Heutiges Datum: _____ *Uhrzeit:* _____

Die Kontaktaufnahme: Cool, Baby! Allein mit meinen machtvollen Gedanken und meiner Energie kann ich diese Zauberstäbe tanzen lassen. Da werde ich bestimmt noch ganz andere magische Kunststücke vollbringen können. Also – auf geht's!

Forschungsnotizen: _____

_____

_____

»Wahre Forschung bedeutet, völlig unvoreingenommen nach wissenschaftlichen Erkenntnissen zu streben. Man darf keine Angst haben, sich auf unbekanntes Terrain vorzuwagen, Freunden und Kollegen zu beweisen, dass sie unrecht haben, und wissenschaftliche Paradigmen zu widerlegen.«

Lynne McTaggart, Autorin von »Das Nullpunkt-Feld«

E^2

4. EXPERIMENT

DAS ABRAKADABRA-PRINZIP

Alles, worauf wir uns konzentrieren,
wächst und vermehrt sich

> »Ich kann die äußeren Einflüsse in meinem
> Leben so sicher beeinflussen, wie ich durch
> Grinsen ein Baby zum Weinen bringen kann.«
>
> *Augusten Burroughs, amerikanischer Schriftsteller*

Die Prämisse

Als ich zum ersten Mal hörte, dass ich mit meinen Gedanken materielle Güter in mein Leben ziehen kann, tat ich, was jeder intelligente, vernünftige Mensch tun würde. Ich spottete über diese Idee. Allerdings entschied ich trotzdem, es auszuprobieren. Was konnte es schaden, heimlich damit zu experimentieren?

Meine Lehrerin Andrea sagte, ich solle drei Dinge aufschreiben, die ich mir wünschte. Das war alles. Ich sollte sie nicht magisch herbeibeamen. Ich musste keinen Budgetplan machen, um einen Weg zu finden, sie mir irgendwann leisten zu können. Ich sollte nur eine Wunschliste aufschreiben. Also – warum eigentlich nicht: *Ich wünsche mir ein Fahrrad, einen Computer und ein Klavier.*

Nach nur zwei Wochen war ich stolze Besitzerin eines Mountainbikes und eines IBM PC Junior. Für das Klavier brauchte ich etwas länger. Doch vor ein paar Jahren rief mich meine Freundin Wendy an. Sie zog nach Maryland um und bot mir ihr schönes

Kirschholz-Kimball an, wenn ich mich selbst um den Transport kümmerte. Meine Tochter, die gezwungen wurde, Klavierunterricht zu nehmen, verflucht mich seither.

Ja, das ist das Kapitel, auf das Sie alle gewartet haben: Jetzt werden wir uns damit befassen, wie wir materielle Dinge manifestieren können. Dieses spirituelle Prinzip lockt zukünftige Gläubige an, wie junge Männer auf Megan Fox abfahren.

Lassen Sie mich raten: Irgendwann im Leben haben Sie *Denke nach und werde reich* von Napoleon Hill, *Die Magie des Glaubens* von Claude M. Bristol, *Die Macht Ihres Unterbewusstseins* von Joseph Murphy oder etwas Vergleichbares gelesen. So alt und verschroben diese Bücher heute auch wirken mögen, es gibt einen Grund dafür, dass sie sich immer noch verkaufen. Sie vermitteln uns eine universale Wahrheit. *Wenn du weißt, was du willst, kannst du es haben.*

Meine Freundin Chris denkt – okay, die meisten meiner Freundinnen denken es –, dass bei diesem Prinzip Magie im Spiel ist, ein mysteriöser Zauber, der bei manchen Leuten funktioniert, bei anderen nicht. Aber in Wirklichkeit ist es nicht komplizierter, als von Biloxi nach New Orleans zu fahren, wenn Sie eine gute Straßenkarte haben. Sagen wir, Biloxi ist das, was Sie momentan haben – einen verbeulten 1994er-Ford, einen Job, den Sie nicht ertragen können, und viele Wochenenden, an denen Sie sich einsam DVDs anschauen. New Orleans, wo Sie eigentlich leben wollen, ist ein brandneuer Jaguar, ein bestens bezahlter Job, bei dem Sie Ihr Potenzial optimal entfalten können, und Wochenenden, die Sie höchst romantisch mit einem überaus aufregenden Exemplar des anderen Geschlechts verbringen.

Also, wie gelangen Sie nun dorthin? Sie fangen an, sich auf New Orleans zu konzentrieren. Sie vergessen, dass Biloxi und der alte, verbeulte Ford überhaupt existieren. Und Sie vergessen niemals, dass Sie in jedem Augenblick die Wahl haben, entweder nach New Orleans unterwegs zu sein oder nach Biloxi kehrtzumachen. Jeder Gedanke ist ein Schritt in die eine oder die andere Richtung. Gedanken, die Sie nach Biloxi zurückbringen, sehen so aus: *Gute Jobs und tolle Rendezvous gibt es nicht.* Oder, noch beliebter: *Gute Jobs und tolle Rendezvous gibt es zwar, aber nicht für jemanden wie mich.*

Gedanken, die Sie nach New Orleans bringen, sehen ganz anders aus: *Dieser neue Job wird einfach toll werden.* Und: *Oh, was sitzt mir da für ein toller Mann/eine tolle Frau gegenüber!* Je mehr Energie und positive Aufregung Sie investieren, desto schneller gelangen Sie an Ihr Ziel.

Manche Menschen wollen zunächst durchaus nach New Orleans aufbrechen, bewegen sich ein Stück auf ihr Wunschziel zu, doch dann geraten sie in Panik und fahren schnell wieder nach Biloxi zurück. Andere fahren aus Biloxi heraus, schauen sich am Stadtrand etwas um und sind enttäuscht, dass es dort nicht wie New Orleans aussieht.

Natürlich sieht es nicht wie New Orleans aus. Sie sind ja auch noch nicht dort angekommen. Sie sehen erst die Landschaft am Rand von Biloxi. Bis New Orleans ist es noch ein ganzes Stück zu fahren. Aber immerhin haben Sie nun Biloxi verlassen. Dazu sollten Sie sich beglückwünschen und sich weiter auf Ihr Ziel konzentrieren. Setzen Sie also unbedingt Ihre Reise fort. Das ersehnte Ziel werden Sie nur erreichen, wenn Sie, immer der Nase nach, geradewegs dorthin gehen. Schauen Sie nicht zurück. Biloxi ist Geschichte.

Anfangs wird dieses neue heroische Unterfangen bewirken, dass Sie sich großartig fühlen. Sie werden erstaunt sein, wie leicht es ist, sich auf die schöne Stadt New Orleans zu konzentrieren. Sie werden die Reise genießen und sich über die schönen Ausblicke freuen. Aber zwangsläufig werden Ablenkungen Sie verführen. Ihre Gedanken werden sich über die neue Routine langweilen und lieber zurück nach Biloxi wollen – und sei es nur für eine kurze Stippvisite auf eine Tasse Tee. Sie werden sich gedanklich immer weniger mit New Orleans beschäftigen und immer mehr damit, wie aussichtslos Ihr Unterfangen ist.

Doch lassen Sie sich davon nicht aufhalten! Setzen Sie Ihren Weg fort, New Orleans fest im Blick.

Es mag pingelig erscheinen, aber ich möchte trotzdem klarstellen, dass dieses Beispiel ausschließlich als Metapher gedacht ist. Es liegt mir völlig fern, Biloxi beleidigen zu wollen. Das ist ein wirklich schönes Städtchen, wo unlängst das von Frank Gehry entworfene Ohr-O'Keefe Museum of Art eröffnet wurde. Es geht hier nicht um die reale physische Welt, sondern darum, dass Sie Ihren Geist trainieren, diesen unverbesserlichen Faulenzer.

Ich weiß, es mag wie eine unrealistische Träumerei klingen, aber wieder und wieder habe ich miterlebt, dass es geschah. Man braucht keine besondere Gabe, um nach New Orleans zu gelangen. Man muss nur bereit sein, sich auf sein Ziel zuzubewegen und seine Aufmerksamkeit, Energie und Bewusstheit darauf zu fokussieren.

Ich denke dabei immer an einen Zauberkünstler, der ein Tuch durch ein Loch zieht. Wenn Sie einen winzigen Zipfel des Tuchs zu fassen bekommen, können Sie es komplett durch das Loch hindurchziehen. Mehr brauchen Sie nicht – nur diesen winzigen Zipfel. Entscheiden Sie, dass es genau das ist, was Sie tun wollen, und erhalten Sie Ihren Fokus aufrecht, bis das ganze Tuch hindurchgezogen ist.

Was können Sie manifestieren? So ziemlich alles, was Sie je gesehen, gehört oder erlebt haben. Die ganze Welt ist Ihr Versandhaus-Katalog. Wenn Sie Ihr Ziel sehen oder es sich zumindest vorstellen können, schnappen Sie sich einen Zipfel des Tuchs und marschieren Sie los.

Vielleicht sollte ich etwas mehr ins Detail gehen. Das »New Orleans« meines Freundes Don war eine Martin-Gitarre. Solche Gitarren kosten mindestens 1100 Dollar. Dieses Geld hatte Don nicht zur Verfügung, aber er traf die klare Entscheidung, eine eigene Martin-Gitarre besitzen zu wollen. Er unternahm keine konkreten Schritte, aber er glaubte fest daran (fokussierte sich also darauf), dass er eines Tages, irgendwie, eine solche Gitarre bekommen würde.

Fast ein Jahr später rief ihn seine Mutter an und sagte: »Dein Vater hat gerade auf dem Flohmarkt für fünf Dollar eine Gitarre gekauft. Das könnte doch ein schönes Spielzeug für Daisy sein.«

Nun, dieses alte Spielzeug für Dons Tochter Daisy entpuppte sich als seltene Martin 000-28 aus dem Jahr 1943. Von dieser Gitarre wurden nur hundert Stück hergestellt (eine davon spielt Eric Clapton). Sie war rund 20 000 Dollar wert. Daisy wird noch etwas warten müssen, bis Don ihr die Gitarre eines Tages vererbt.

Ich nenne das das Freiheitsstatuen-Prinzip. Zwar ist dieses Prinzip sozusagen das Leuchtfeuer, das für alles steht, was die Leute sich erträumen – ein Urlaub auf Jamaika, eine Luxusvilla in Malibu. Doch in der Hierarchie der menschlichen Bedürfnisse nach Abraham Maslow rangiert es ziemlich weit unten. Es ist wichtig, dass Sie dieses Prinzip in den Griff bekommen, damit Sie sich von materiellen Sorgen befreien und Ihr wahres Sein entdecken können, aber dieser materielle »Kram« ist nicht das, was Sie *wirklich* wollen. Wirklich nicht!

Jesus hätte niemals Lazarus ins Leben zurückgeholt und alle diese Fische und Brote manifestiert, wenn er vom Wunsch getrieben gewesen wäre, eine Strandvilla zu besitzen. Damit meine ich keineswegs, dass Sie ein schlechtes Gewissen haben sollten, wenn Sie von einer Villa in Malibu träumen. An einer solchen Villa ist überhaupt nichts Schlechtes. Und auch nicht an anderen materiellen Schätzen, die Sie vielleicht besitzen möchten. Haben Sie keine Schuldgefühle deswegen. Stehen Sie zu Ihren Wünschen. Verwirklich Sie Ihre Wünsche mit ganzem Herzen. Seien Sie sich nur bewusst, dass es im Leben höhere Ziele gibt – und dass die meisten Menschen aus Angst materielle Dinge horten. Und die Angst ist es doch gerade, die wir hinter uns lassen möchten.

Gute Vorbereitung
(oder: Was Kohärenz bedeutet)

> »Der Große Geist ist überall. Man muss nicht
> mit lauter Stimme zu ihm sprechen. Er hört alles,
> was in unserem Herzen und Denken wohnt.«
>
> *Schwarzer Hirsch, Medizinmann der Lakota*

Die meisten Leute meinen, man könne Veränderungen nur herbeiführen, indem man einen lauten Hilfeschrei zu Gott emporschickt. Nun wissen wir aber, dass Gott das Kraftfeld ist, von dem das gesamte Universum organisiert wird. Außerdem wissen wir, dass *jeder* Gedanke Veränderungen bewirkt. Jedes Mal wenn wir etwas denken – sei es: »*Mit diesem Rock sieht sie aus wie John Travolta in Hairspray.*« Oder: »*Wenn ich nicht endlich eine Gehaltserhöhung bekomme, mache ich Harakiri.*« –, beeinflussen wir das Feld des unbegrenzten Potenzials. Ich sollte an dieser Stelle wohl noch einmal wiederholen, dass *wirklich jeder Gedanke sich auf das FP auswirkt.*

Dass wir Wasser nicht in Wein verwandeln oder durch Handauflegen Krebs heilen können, liegt nur daran, dass unser Denken zerstreut und unfokussiert ist. Statt eine beständige, gut gestimmte Stimmgabel zu sein, sind unsere Gedanken mehr wie eine Schülerband aus Trompetenanfängern.

Einerseits beten wir dafür, dass unsere Wünsche sich erfüllen, andererseits sorgen wir uns, dass es nicht funktioniert. Während wir ein positives Resultat imaginieren, denken wir insgeheim, dass Optimismus Quatsch ist. Wir hätten gern eine Beziehung mit Soundso, aber was ist, wenn er uns verlässt? Wir wollen Geld verdienen, aber steht in der Bibel nicht etwas von Kamelen und reichen Leuten und Nadelöhren? Die Macht prallt von den Wänden ab. *Geh in diese Richtung. Nein, warte! Doch lieber in diese.* Sie taumelt herum wie ein Glühwürmchen in einem Einmachglas. Sie verpufft ungenutzt, weil wir kein klares Ziel haben. Das Feld des Potenzials würde unsere Gebete durchaus erhören. Doch leider »bitten« wir um viel zu viele Dinge.

Wenn man bedenkt, dass ein Mensch im Durchschnitt 60 000 Gedanken pro Tag denkt, wird deutlich, dass wir um viel mehr Dinge beten als nur: »Bitte, Gott, mach, dass ich um dieses Strafmandat herumkomme«, in dem Moment, in dem Sie das Radargerät blitzen sehen.

Sicher, Sie haben heute um geistigen Frieden gebetet, aber Sie haben auch 1200 Gedanken damit vergeudet, sich über diesen dummen Kollegen aufzuregen, der Ihnen Ihre Webseiten-Idee gestohlen hat. Ja, Sie haben sich fest vorgenommen, »nachzudenken und reich zu werden«, aber Sie haben heute auch 500 Gedanken der Sorge gewidmet, ob Sie die Raten für Ihren Autokredit weiter aufbringen können. Wenn Sie begreifen, was Beten wirklich bedeutet, wird Ihnen klar, warum ein einmaliges Stoßgebet zum lieben Gott oft wenig bewirkt.

Jesus konnte nur deshalb übers Wasser gehen, weil er zu hundert Prozent seine Gedanken (Gebete) auf den Glauben ausrichtete, es zu können. Er hatte das Denksystem der Welt überwunden, das sagt: *Nur ein Idiot wäre so dumm, aus dem Boot zu steigen.* Er hatte nicht den geringsten Zweifel – es gab in seinem Bewusstsein nicht einen einzigen zweifelnden Gedanken.

Ihr Geist ist sehr mächtig, ganz gleich, wie sehr Sie dieses Privileg geringachten, ganz gleich, wie unfähig und schwach Sie sich fühlen. Jeder Ihrer Gedanken bringt materielle Formen hervor, auf irgendeiner Ebene. Dass diese Gedanken verzerrt und unsinnig sind (und, glauben Sie mir, wenn Sie ein Mensch sind, trifft das auf etliche Ihrer Gedanken zu), macht sie nicht schwach oder wirkungslos. Vielleicht schwach und wirkungslos im Hinblick auf Ihre Ziele und Wünsche, aber nicht schwach und wirkungslos an sich.

Newtons erstes Gebetsgesetz

>>Indem Sie Ihre Gedanken bewusst wählen und entscheiden, welche emotionalen Ströme Sie freisetzen wollen, legen Sie fest, welchen Einfluss Sie auf andere Menschen ausüben und welche Erfahrungen Sie machen.<<

Gary Zukav, Autor des Buches »Die Spur zur Seele«

Wenn Sie einen Tennisball in die Luft werfen, können Sie sicher sein, dass er wieder herunterkommt. Möglicherweise landet er in den Petunien Ihres Nachbarn oder auf dem Garagendach, sodass Sie eine Leiter brauchen, um ihn zurückzuholen. Aber garantiert fällt er abwärts, nachdem er hochgeworfen wurde.

Ihre Absicht ist wie dieser Tennisball. In seinem berühmten dritten Bewegungsgesetz sagte Newton, dass auf jede Aktion eine gleich starke Gegenreaktion erfolgt. Was Sie geben, in diesem Fall Ihr »Gebet«, löst eine ihm genau entsprechende Reaktion aus. Senden Sie Furchtgedanken aus, werden Sie Dinge anziehen, die Ihnen Grund geben, sich zu fürchten. Lügen Sie, wird man Sie anlügen. Kritisieren Sie andere, wird man auch Sie kritisieren. Strahlen Sie aber Liebe aus, bekommen Sie in reichem Maße Liebe zurück. Spenden Sie Segen, werden Sie gesegnet.

Wenn Sie wissen möchten, um was Sie wirklich beten (bitten), müssen Sie sich nur in Ihrem Leben umschauen. Dann sehen Sie Ihre heimlichsten Gedanken, Ihre wahren Herzenswünsche, die Gebete, von denen niemand weiß, außer Ihnen selbst.

Eine meiner Freundinnen hatte Angst vor Spinnen. Sie fürchtete sich davor, eines Morgens in ihre Schminkschublade zu greifen und statt ihres Lippenstifts eine riesige Spinne vorzufinden. Dieser Gedanke passierte monatelang an jedem Morgen ihr Gehirn, bis ... und nun raten Sie: Genau. Bis sie in ihre Schublade griff und ihre Finger statt des Lippenstifts eine große, fette, haarige Wolfsspinne berührten.

Anders ausgedrückt: Denken ist schöpferisch. Ihre Gedanken, die bewussten und die unterbewussten, erschaffen, was Ihnen im Leben begegnet. Jeder Gedanke strahlt eine bestimmte Schwingung aus. Wie ein Bumerang kehrt er zu Ihnen zurück, entsprechend seiner Frequenz und Gefühlstiefe. In welchem Maße Ihre Gedanken sich in Ihrem Leben manifestieren, hängt von ihrer Häufigkeit, Intensität und Kraft ab.

Showdown im Morgengrauen
(oder: Wie Ihr Geist funktioniert)

> »Ich bin innerlich überfüllt.«
>
> *Pradeep Venugopal, indischer Blogger*

In Ihrem Geist treffen ständig unterschiedliche, miteinander in Konflikt stehende Teile Ihrer selbst aufeinander und liefern sich heftige Duelle. Diese sozusagen zersplitterten Absichten setzen allerlei dynamische Prozesse in Gang. Nehmen wir an, Ihre bewusste Absicht ist es, ein neues Haus zu kaufen. Während Sie diese Absicht in Gang bringen, senden Sie gleichzeitig die unterbewusste, aber ebenso starke Angst aus, die höheren Hypothekenraten nicht aufbringen zu können. Und welchen Preis werden Sie für Ihr jetziges Haus erzielen? Wird es sich überhaupt verkaufen lassen? Wenn diese unterbewussten Befürchtungen stärker sind als die bewusste Absicht … nun, was glauben Sie, wer gewinnt?

Die Dynamik widerstreitender Absichten und Ziele kann zu Verwirrung und Zweifel führen. Wenn Sie sich für neue Wahrnehmungen und Wünsche öffnen, aber zugleich Angst und Sorge erleben, entsteht ein innerer Konflikt.

Wenn Sie ihn nicht in den Griff bekommen, werden Sie letztlich daran zweifeln, dass es überhaupt einen Sinn hat, sich Ziele zu setzen und Absichten und Wünsche bewusst zu formulieren. Oder jedenfalls gelangen Sie zu dem Schluss, dass es bei *Ihnen* nicht funktioniert. Sie verlieren den Mut und denken, dass Ihre negativen Lebensumstände stärker sind als Sie.

Glauben Sie mir, das ist nicht wahr. Diese negativen Lebensumstände sind nicht wirklich stärker. Es ist nur so, dass Ihre miteinander in Konflikt stehenden Absichten im Feld des Potenzials Turbulenzen erzeugen.

Ihre Gedanken sind überaus mächtig. Aber das FP antwortet nicht nur auf Ihre Wunschgebete. Um es noch einmal zu wiederholen: Es reagiert auf *jeden* Ihrer Gedanken – die bewussten und die unterbewussten, und die miteinander im Widerstreit liegenden Parteien müssen zum Duell antreten und die Sache ausfechten. Hier sind vier besonders häufige Schlachtfelder:

1. Immer die gleiche Platte. Wir Menschen haben die ärgerliche Neigung, in den Gleisen fester Gewohnheiten stecken zu bleiben. Erinnern Sie sich, dass wir täglich 60 000 Gedanken denken? Nun, von vielleicht 1000 Ausnahmen abgesehen, handelt es sich dabei um die gleichen Gedanken, die Sie gestern auch gedacht haben. Die Wissenschaft hat herausgefunden, dass es sich bei 98 Prozent unserer 60 000 täglichen Gedanken um Wiederholungen vom Vortag handelt.

Meine Nachbarin besitzt einen unsichtbaren Hundezaun. Wenn ihr kleiner Jack-Russell-Terrier es wagt, diese Grenze zu überschreiten, bekommt er einen schmerzhaften Elektroschock. Wir alle sind wie dieser kleine Hund – wir sind hinter unseren unsichtbaren Zäunen gefangen.

Statt unsere Gedanken für Kreativität und neue Ideen zu nutzen und dafür, nach Antworten auf die großen Mysterien des Lebens zu forschen, verschwenden wir sie für triviale, unbedeutende, durch und durch sinnlose Dinge. Schauen Sie sich das Titelblatt einer typischen Frauenzeitschrift an:

SCHNELL SCHLANK WERDEN

CHIC IN DEN URLAUB

QUIZ: LIEBT IHR PARTNER SIE WIRKLICH?

Können wir mit unseren Gedanken nichts Besseres anfangen? Angenommen, die Millionen Leserinnen solcher Magazine würden sich stattdessen fragen: *Was kann ich tun, um das Potenzial meiner Seele zu entfalten?* Oder: *Wie kann ich dazu beitragen, dass diese Welt liebevoller wird?* Dann ließen sich die großen Probleme, vor denen wir uns so fürchten, innerhalb eines Jahres lösen. Millionen Menschen, die sich auf wichtige Problemlösungen konzentrieren, wären eine Macht, die sich nicht aufhalten ließe!

2. Die Lügen der Werbung. Amerikanische Unternehmen geben jährlich über 400 Milliarden Dollar dafür aus, Sie davon zu überzeugen, dass Sie ohne deren Produkte eine hoffnungslose Verliererin sind. Die einzige Funktion der Werbung besteht darin, Sie und mich unzufrieden mit dem zu machen, was wir haben und sind. Amerikaner sehen täglich zwischen 1500 und 3000 Werbespots und -anzeigen. Auch wer nicht fernsieht, wird ständig zum »Konsum« aufgefordert. Werbung ist praktisch allgegenwärtig.

Die gefährlichste Werbung ist meiner Meinung nach die für Medikamente, denn durch sie wird den Leuten beigebracht, krank zu sein. Die Werbestrategen haben uns jahrelang eingeredet, dass wir ohne Deos, Mundwasser und Fertigpizza nicht überleben können. Jetzt erobern sie neues Terrain, indem sie uns einreden, wir wären krank. Sie erfinden Krankheiten und verkaufen uns Medikamente, um diese zu kurieren.

3. Die Köpfe anderer Leute. So, wie Radiowellen in der Atmosphäre herumfliegen, werden Sie ständig mit den Gedanken anderer Leute bombardiert. Unbewusst schnappen Sie die Gedanken Ihrer Familie, Ihrer Kultur und Ihrer Religion auf, selbst wenn Sie diese Religion gar nicht aktiv praktizieren.

Ich lernte einmal einen Erfinder kennen, dem wir Dutzende von Produkten verdanken. Dazu gehören viele, die Sie und ich täglich benutzen. Man nannte ihn ein »Genie«, aber hätte man ihn einer Aufnahmeprüfung für eine weiterführende Schule unterzogen, wäre er glatt durchgefallen und in die erste Klasse zurückgeschickt worden. Dieser Mann hatte nämlich nie lesen gelernt. Und wie er mir sagte, hatte er sich dem mit voller Absicht verweigert.

»Hätte ich lesen gelernt«, sagte er, »hätte ich die Ideen anderer Leute aufgesogen und in meinen Kopf einzementiert. Ich zog es vor, auf diese Beeinträchtigung zu verzichten.«

Ich möchte hier keineswegs dem Analphabetismus das Wort reden, sondern einfach nur darauf hinweisen, dass Ihr Zugang zum FP umso besser sein wird, je weniger Störungen aus einer verrückten, mit Gedanken überfüllten Welt Sie in Ihr Bewusstsein hereinlassen. Genau aus diesem Grund meditieren alle »Asse« der Spiritualität: Das hilft ihnen, den vielen gedanklichen Störwellen zu entgehen.

4. Ihr eigener Kopf. Auch wenn Sie vielleicht denken, dass Sie gar nicht so denken, kommen Ihnen doch höchstwahrscheinlich des Öfteren dumme Gedanken in die Quere. Leider laufen die meisten von uns mit einem unterschwelligen Soundtrack durchs Leben, der ungefähr so klingt:

Etwas stimmt nicht mit mir.   *Ich verdiene nichts Gutes.*

Ich bin nicht gut genug.   *Ich kann es nicht.*

Ich bin untalentiert.   *Es ist zu schwierig.*

Solche negativen Aussagen nennen wir falsche Gebete, von anderen Menschen übernommene Standardglaubenssätze, denen Sie gehorsam hinterhermarschieren. Doch jetzt die gute Nachricht: Alle diese Aussagen sind unwahr. Und die schlechte Nachricht: Sie fühlen sich an, als wären sie wahr. Sie sind Ihr persönliches Amulett, das Sie unabsichtlich überallhin mitnehmen. Es würde Ihnen nicht im Traum einfallen, ohne sie durchs Leben zu gehen, weil sie so … vertraut sind.

Als ich anfing, für Zeitschriften zu schreiben, hatte ich einen Minderwertigkeitskomplex von der Größe eines Wolkenkratzers. Ich stamme aus einer Kleinstadt im Mittleren Westen und konnte mir einfach nicht vorstellen, dass ich einem hippen Redakteur aus New York irgendetwas Interessantes mitzuteilen hätte. Ich verschickte alle möglichen Reportage-Ideen, erwartete jedoch nicht, viele davon verkaufen zu können. Zumal ich ja »wusste«, dass es ein Überangebot an guten Journalisten gab.

Es erübrigt sich zu sagen, dass ich viele Absagen erhielt, so viele, dass ich damit ganz Manhattan hätte tapezieren können. Die Redakteure sagten mir nicht gerade, dass ich auf der Stelle tot umfallen sollte, aber sie ermutigten mich auch nicht, meinen Traum vom Journalistenberuf weiterzuverfolgen.

Dann las ich das Buch *Write for Your Life* (Schreib für dein Leben) des Krimi-Erfolgsautors Lawrence Block. Anfang der 1980er-Jahre, als Blocks Kolumne in *Writer's Digest* den Höhepunkt ihrer Popularität erreichte, veranstalteten er und seine Frau Lynn eine Reihe von Schreibseminaren für angehende Autoren.

Im Unterschied zu den meisten anderen Schreibseminaren, wo man lernt, gut verkäufliche Exposés zu schreiben und einen angesagten Agenten zu finden, befasste sich Blocks Seminar mit der einzigen Sache, auf die es beim Schreiben wirklich ankommt:

sich selbst nicht länger im Weg zu stehen und die unzähligen negativen Gedanken loszuwerden, mit denen wir uns einreden, wir wären ein hoffnungslos uninteressantes Exemplar der menschlichen Spezies.

In diesem Seminar meditierten die Teilnehmer zusammen und gestanden einander ihre größten Ängste. Sie begaben sich auf eine intensive Suche nach dem Grund, warum sie schreiben wollten, es aber nicht in die Tat umsetzten.

Die Seminare waren enorm erfolgreich, aber Block, der Schriftsteller war und kein Seminarleiter, war es schließlich leid, im Land umherzureisen und diese Veranstaltungen zu organisieren. Stattdessen veröffentlichte er im Eigenverlag das oben erwähnte Buch, auf das ich kurz nach seinem Erscheinen stieß.

Ich nahm mir dieses Buch wirklich zu Herzen. Ich machte alle darin enthaltenen Übungen. Ich befragte mein inneres Kind, um herauszufinden, wovor ich solche Angst hatte. Ich schickte mir sogar 30 Tage lang täglich eine Postkarte. Auf diese Postkarten schrieb ich Affirmationen wie diese:

>   »Pam, du bist eine wundervolle Schriftstellerin.«

>   »Pam, du hast alles, was du brauchst, um für bekannte
>   Zeitschriften zu schreiben.«

>   »Pam, du bist interessant, und die Menschen möchten
>   lesen, was du ihnen zu sagen hast.«

Ich nehme an, der Briefträger hielt mich für ziemlich durchgeknallt, weil ich so viel Porto darauf verschwendete, mir täglich mitzuteilen, was für ein faszinierender Mensch ich doch war. Hätte er aber gewusst, welche Wende das in meinem Leben auslöste, hätte er es auch getan. Mit Sicherheit.

Plötzlich bekam ich Aufträge von bekannten Magazinen – von den großen Redaktionen in New York. Den Anfang machte *Modern Bride*. Sie wollten einen Artikel über Übungen, die Paare gemeinsam durchführen konnten. *Ladies' Home Journal* fragte wegen einer Reisereportage über Tampa Bay, Florida, an. Plötzlich erhielt diese unsichere Schriftstellerin aus Kansas Aufträge von großen, landesweit gelesenen Zeitschriften, jenen, die in den Wartezimmern von Zahnarztpraxen ausliegen.

Schrieb ich plötzlich flüssiger und kam auf faszinierendere Reportage-Ideen? In gewissem Maße sicher (schließlich war das eine meiner Affirmationen). Vor allem aber fing ich an, anders über mich selbst zu denken und zu sprechen.

Ich dachte nicht länger, dass es viel zu viele gute Journalisten gab und ich keine Aufträge bekommen würde. Und ich löste mich von der lächerlichen Vorstellung, ich wäre nicht talentiert genug, um für große, landesweit erscheinende Magazine zu schreiben.

Gebündelt wie ein Laserstrahl

> »Hauptsache, du machst die Hauptsache
> immer schön zur Hauptsache.«
> *T-Shirt, auf Hawaii gesehen*

In einer Rede vor Studienanfängern gab Filmemacher Michael Moore seinen jungen Zuhörerinnen und Zuhörern folgenden Rat: »Ihr Jungen solltet vor allem lernen, dass das Mädchen zu euch kommt, wenn ihr ihm nicht länger nachlauft.«

Mit unseren Absichten verhält es sich ähnlich. Wenn wir glauben, verzweifelt ein Wunder zu brauchen oder unbedingt etwas erlangen zu müssen, was wir noch nicht haben, verleugnen wir die Große Wahrheit. Und dann stimmt unsere Grundeinstellung nicht.

Wenn wir nach einer Antwort suchen, gehen wir von der falschen Annahme aus, dass die Antwort nicht bereits da ist. Wenn wir glauben, Liebe oder Glück als Ziele anstreben zu müssen, tun wir so, als wäre das Ziel des Lebens noch offen und fraglich. Aber das ist es nicht.

Beim Beten geht es nicht darum, Gott zu bestechen. Es geht darum, jene höheren Gesetze zu begreifen, die mächtiger sind als die niedrigen Gesetze der physischen Ebene. Wenn wir Gott anflehen und so tun, als wäre alles, was wir uns wünschen, nicht längst da, gehen wir von Dualität aus, nicht von der Einheit allen Seins. Doch Einheit, Einssein ist das Ziel. Leben Sie aus der Annahme heraus, dass Ihr Ziel bereits verwirklicht ist. Sie müssen *spüren*, dass es schon real ist, dass Sie eins mit ihm sind … dass Sie und Ihr Ziel auf der gleichen Frequenz schwingen. Diese Frequenzen müssen gebündelt sein wie ein Laserstrahl.

Ich weiß nicht, ob Sie etwas von Lasertechnologie verstehen, aber sie funktioniert ein bisschen so wie der amerikanische Kongress am 12. September 2001. Damals vergaßen alle diese streitsüchtigen alten Senatoren und Kongressabgeordneten, dass sie Republikaner und Demokraten waren, Liberale und Konservative. Damals dachten sie alle nur: »Ich bin Amerikaner.« Und sie sangen als großer einstimmiger Chor *God Bless America*. Nun, so funktioniert ein Laser.

Im Gegensatz zu gewöhnlichem Licht, das sich aus unterschiedlichen Wellenlängen zusammensetzt, gibt es beim Laser nur eine einzige Wellenlänge, was ihm eine enorme Präzision verleiht.

So sollten Ihre Absichten beschaffen sein. Jedenfalls dann, wenn Sie positive Resultate erzielen wollen. Jesus zweifelte keine Sekunde daran, dass genug Essen für alle verfügbar war.

Tatsächlich wurde er unter anderem deshalb gekreuzigt, weil er den Machthabern viel zu zuversichtlich und angstfrei erschien. Wie konnte er die Kühnheit besitzen, es für möglich zu halten, Blinde sehend und Lahme gehend zu machen? Aber Jesus hielt es nicht einfach nur für möglich. Er *wusste*, dass er diese Dinge tun konnte. Er kannte sein wahres Sein, und deshalb war seine geistige Kraft gebündelt wie ein Laserstrahl. Er überlegte gar nicht, ob es wohl möglich sein könnte, dass ein Blinder sein Augenlicht zurückerlangen (denn schließlich gehören Gesundheit und vollkommene Selbstentfaltung zum natürlichen göttlichen Recht eines jeden Menschen) oder Wasser sich in Wein verwandeln kann. Er wusste, es war sein Recht, über Himmel und Erde zu gebieten. Tatsächlich ist das der einzige wesentliche Unterschied zwischen Jesus und uns. Wir grübeln immer noch, was möglich ist und was nicht.

Im Aramäischen – das, wie Sie vermutlich wissen, die Sprache ist, die Jesus sprach – bedeutet die Wurzel von *bitten* weit mehr als nur »Na ja, nur wenn es keine Umstände macht«. *Bitten*, im Aramäischen, ist eine Kombination aus »für sich beanspruchen« (in dem Sinne, dass man zum Beispiel einen Rechtsanspruch auf ein bestimmtes Stück Land hat) und »einfordern«. Im Gebet um etwas zu bitten heißt also schlichtweg, dass wir das für uns beanspruchen, was uns zusteht. Wir haben das Recht, ja sogar die Verantwortung, selbst über unser Leben zu gebieten.

Wie kann ich das mit Sicherheit wissen?, fragen Sie. So sicher, wie Sie wissen, dass zwei plus zwei vier ergibt. Denn dabei handelt es sich um ein simples, unveränderliches mathematisches

Prinzip. Wenn Sie meinen, zwei und zwei ergäbe fünf, liegt der Fehler bei Ihnen, nicht bei der Mathematik. Und wenn Sie mit Ihren Gebeten nicht die gewünschten Resultate erzielen, liegt der Fehler nicht beim Feld des Potenzials, sondern Sie wenden das Prinzip nicht richtig an.

Absichten, die von einer integrierten, heilen Persönlichkeit ins FP gesendet werden, sind wie ein klarer, scharf gebündelter Laserstrahl.

Anekdotische Beweise

> »Im Hafen ist ein Schiff sicher, aber dafür werden Schiffe nicht gebaut.«
>
> *Benazir Bhutto, ehemalige pakistanische Ministerpräsidentin*

Mit 34 beschloss Augusten Burroughs, nicht länger Alkoholiker zu sein, sondern stattdessen Bestsellerautor zu werden. In seinem autobiografischen Buch *Werbepause* schreibt er dazu: »Die Kluft dazwischen, ein alkoholkranker, im Elend lebender Werbetexter oder eine literarische Entdeckung mit enthusiastischen Rezensionen zu sein, schien groß. Groß wie ein Canyon. Doch eines Tages beschloss ich, dass ich genau das erreichen würde.«

Vierzehn Tage später beendete er sein erstes Manuskript, einen Roman mit dem Titel *Teleshop*.

»Ich rechnete nicht damit, dass es ein Bestseller werden würde. Es war Popcorn-Literatur. Aber ich erwartete, dafür einen Verlag zu finden«, schreibt Burroughs.

Und dann schrieb er ein autobiografisches Buch über seine Kindheit.

Burroughs erzählt: »Dieses Mal beschloss ich, dass das Buch es auf die Bestsellerliste der *New York Times* schaffen würde, und zwar auf einen der vorderen Plätze. Es sollte in ein Dutzend Sprachen übersetzt und es sollten die Filmrechte verkauft werden.«

Sein Agent riet ihm, seine Erwartungen herunterzuschrauben.

»Ich fand seinen Standpunkt zwar nachvollziehbar«, sagt Augusten. »Aber für mich stand trotzdem fest, dass das Buch ein Riesenerfolg werden würde, nicht weil es besonders gut geschrieben war ... sondern weil es einfach ein Bestseller werden musste, damit ich meinen lausigen Job als Werbetexter aufgeben und mich ganz der Schriftstellerei widmen konnte.«

Augustens Buch *Krass!* stand 70 Wochen in Folge auf der Bestsellerliste der *New York Times*. Inzwischen ist es in über 15 Ländern erschienen und wurde mit der grandiosen Schauspielerin Annette Benning verfilmt.

Beten? Ich doch nicht!

> »Ollie, es ist größer als wir beide.«
>
> *Stan Laurel, britischer Filmkomiker*

Die Leute sagen oft zu mir: »Ich bete nicht. Das ist Zeitverschwendung. Schließlich glaube ich ja auch nicht an den Weihnachtsmann oder die Zahnfee.« Was ich darauf antworte? Man kann gar nicht *nicht* beten. Das ist unmöglich.

Thomas Merton, der christliche Mystiker, sagte, dass wir »beten, wenn wir atmen«.

Nehmen Sie zum Beispiel den Rennfahrer Al Unser. Er nannte es nicht beten, aber als er zum vierten Mal das 500-Meilen-Ren-

nen von Indianapolis gewann, fünf Tage vor seinem 48. Geburtstag, demonstrierte er die wahre Kraft des Gebets.

In jenem Jahr – 1987, um genau zu sein – hatte man ihn aus
seinem Rennteam geworfen, obwohl er das Indianapolis 500
schon drei Mal gewonnen hatte. Zum ersten Mal in 22 Jahren
sah es aus, als müsste er bei dem berühmten Autorennen von der
Tribüne aus zusehen. Seine Sponsoren und fast alle anderen hatten ihn abgeschrieben, weil sie ihn für zu alt hielten.

Unser selbst war felsenfest überzeugt, dass das nicht stimmte.
Er wusste, dass er immer noch Rennen gewinnen konnte. Dieses
»Gebet« war so stark, dass Unser, als Danny Ongais, der ihn im
Team ersetzt hatte, beim Training verunglückte, zurückkehrte
und in einem Ersatzwagen, einem älteren March-Cosworth, an
den Start ging.

Niemand außer ihm selbst rechnete mit einem Erfolg. Nicht
nur, dass seine Chancen mit dem älteren, weniger guten Wagen
schlecht standen, er startete obendrein in der ungünstigen 20.
Position.

Aber davon ließ der dreimalige Gewinner sich nicht entmuti-
gen. Mit jeder Faser seines Seins wusste er, dass er siegen würde.
Er sah es vor seinem inneren Auge. Er erwartete nichts als den
Sieg. Und in der 183. Runde rollte er das Feld von hinten auf und
erfuhr sich seinen vierten Indianapolis-Sieg. Al Unser zweifelte
keine Sekunde, dass er sein Ziel erreichen würde. Mit jedem Gedanken »betete« er für den Sieg.

Oder denken Sie an die Mutter, die nie etwas Schwereres hoch-
gehoben hatte als ihre Einkaufstüten. Als ihr sechsjähriger Sohn
unter ein Auto geriet, hob sie den zwei Tonnen schweren Wagen
an. Ihr Wunsch, ihren Sohn zu retten, war so übermächtig, dass
kein Raum für andere Gedanken vorhanden war. *Ich muss dieses*

Auto bewegen war das einzige »Gebet« in ihrem Geist. In diesem Augenblick dachte sie einfach nicht daran, dass eine Hausfrau kein zwei Tonnen schweres Auto anheben kann.

Die Methode

> »Die Art zu denken, die man uns
> antrainiert hat, ist wie ein Gefängnis.«
>
> *Buckminster Fuller –*
> *amerikanischer Erfinder und Visionär*

Bei diesem Experiment werden Sie, ausschließlich mit der Kraft Ihrer Gedanken, etwas magnetisch in Ihr Leben ziehen. Sie werden die klare Absicht formulieren, ein bestimmtes Ereignis oder einen bestimmten Gegenstand zu manifestieren. Seien Sie dabei sehr spezifisch und detailgenau, geben Sie zum Beispiel genau Marke und Modell eines gewünschten Gegenstandes an.

Da Sie nur 48 Stunden zur Verfügung haben, sollten Sie etwas auswählen, was Sie nicht dazu verleitet, gedanklich nach »Biloxi« zurückzureisen. Wenn Sie sich beispielsweise dafür entscheiden, einen BMW Z3 Roadster zu manifestieren, wird das höchstwahrscheinlich Gedanken wie diese nach sich ziehen: *Wohl größenwahnsinnig geworden? Komm mir nicht mit so einem Unsinn!* Mit solchen Gedanken schaffen Sie es bestimmt nicht nach New Orleans. Nicht, dass es unmöglich wäre, einen BMW Z3 zu manifestieren. (In Indien gibt es Gurus, die Juwelen aus dem Nichts erscheinen lassen können.)

Doch um wirklich einen Paradigmenwechsel zu erreichen, sollten wir mit kleinen Schritten beginnen. Wählen Sie etwas, das Ihrem Geist nicht allzu unrealistisch erscheint. Vielleicht ein

Theaterticket für die erste Reihe. Oder schöne Blumen von Ihrem Partner.

Mein Freund Chuck probierte dieses Experiment aus und wollte dabei besonders schlau sein. Er wollte gleichzeitig mit zwei Frauen schlafen. Folgendes geschah: Kurz vor Ablauf der 48 Stunden begegnete er einer Frau (die inzwischen seine Partnerin ist). Sie schliefen zusammen, wurden aber von ihrer sechsjährigen Tochter unterbrochen, die ins Bett kroch, um sich bei ihrer Mutter einen Gutenachtkuss zu holen.

Deshalb ist es wichtig, seinen Wunsch präzise zu formulieren. Und zu erkennen, dass das FP einen wundervollen Sinn für Humor hat.

Laborprotokoll

4. Experiment: Das Abrakadabra-Prinzip

Prinzip: *Das Abrakadabra-Prinzip*

Die Theorie: Alles, worauf wir uns konzentrieren, wächst und vermehrt sich.

Die Frage: Kann ich etwas aus dem Nichts manifestieren, einfach indem ich intensiv daran denke?

Die Hypothese: Indem ich den folgenden Wunsch formuliere und mich auf seine Verwirklichung konzentriere, kann ich das Gewünschte in mein Leben ziehen.

Mein Wunsch: _____

_____

_____

Zeitraum: 48 Stunden

Die Kontaktaufnahme: Ich habe den großen Versandhauskatalog, den man »die Welt« nennt, durchgeblättert und mich für dieses Experiment dazu entschieden, in den nächsten 48 Stunden das Folgende zu manifestieren. Ich werde mich mit meinem ganzen Sein darauf konzentrieren.

Und ich werde mich an etwas erinnern, das Abraham-Hicks gerne sagen: »Ein wunderschönes Märchenschloss zu ma-

nifestieren ist ebenso einfach wie das Manifestieren eines
Hosenknopfes.«

Heutiges Datum: _____   **Uhrzeit:** _____

Deadline für die Manifestation: _____

Forschungsnotizen: _____

_____

_____

_____

_____

_____

_____

_____

_____

_____

_____

»Ziemlich viele Leute glauben, eigenständig zu denken,
während sie in Wahrheit bloß ihre Vorurteile umsortieren.«

William James, amerikanischer Psychologe und Philosoph

5. EXPERIMENT

DAS LESERBRIEF-PRINZIP

Deine Verbundenheit mit dem Feld sorgt dafür,
dass du jederzeit präzise und umfassende
Wegweisungen erhältst

> »Wenn ich mich mit einer Entscheidung oder
> einem Dilemma herumschlug, habe ich mir
> oft gewünscht, der Himmel würde sich auftun
> und eine machtvolle Stimme würde uns auf
> die zweite Etage heraufbitten. Und dort würde der
> Bibliothekar des Lebens sich mehrere Stunden
> Zeit für uns nehmen, geduldig alle unsere Fragen
> beantworten und uns weisen Rat erteilen.«
>
> *Henriette Anne Klauser, Autorin von*
> *»Write It Down, Make It Happen«*

Die Prämisse

Innere Führung ist jederzeit für uns verfügbar. Innere Hilfe hat
Ihnen immer uneingeschränkt zur Verfügung gestanden, und
das wird auch in Zukunft immer so sein.

Wenn Sie sich dagegen auf andere Hilfsmittel zur Entschei-
dungsfindung verlassen, ist Ärger vorprogrammiert. Der »Affen-
geist« – ein buddhistischer Ausdruck für unseren ständig *Was-
soll-ich-tun-was-soll-ich-tun?* ratternden Verstand – wurde nie
dafür geschaffen, Probleme zu lösen. Das wäre, als wollte man
den Rasen mit einer Nagelschere mähen. Und doch lassen sich

die meisten Leute von ihrem Verstand leiten – von der linken Gehirnhemisphäre, die anfällig ist für Fehleinschätzungen und Illusionen.

Unser Wachbewusstsein, das, was wir manchmal gerne unseren bewussten Verstand nennen, wurde für zwei Aufgaben geschaffen – um Probleme zu identifizieren und Ziele zu formulieren.

Wer seinen Verstand richtig gebraucht, nutzt ihn, um ein Problem zu definieren oder einen Wunsch, eine Absicht festzulegen, weiter nichts. Das ist es, was der zerebrale Kortex gut kann. Samen aussäen. Stattdessen beschließt er, sich einzumischen, das Für und Wider abzuwägen und »rationale Entscheidungen« zu treffen, statt der Intuition zu vertrauen.

Sobald der bewusste Verstand das Problem definiert und eine Absicht festgelegt hat, beginnt das Gejammer, das endlose innere Geschwätz darüber, wie riesig das Problem ist und warum es sich so schnell nicht lösen lässt und dass das zwar ein wirklich schöner Wunsch, ein tolles Ziel ist, aber, aber … *Vergiss es besser schnell wieder, beim letzten Mal, als du so etwas Ähnliches versucht hast, hat es auch nicht funktioniert.* Offensichtlich ist dieser »Spindoktor« in Ihrem Gehirn nicht der beste Ratgeber. Er fällt ständig Urteile, verzerrt die Realität und sorgt für unnötigen emotionalen Stress.

Angenommen, Jane benutzt ihren bewussten Verstand, um die Beziehung zu ihrem Mann zu verbessern. Gute Idee, oder eher nicht? Leider neigt der Verstand dazu, sich ständig einzumischen, statt die Absicht sich entfalten zu lassen. Statt sich einer Quelle zuzuwenden, die echte Unterstützung bieten kann, fängt Janes Verstand an, rationale Schlüsse zu ziehen und verschiedene Optionen abzuwägen. Es dauert nicht lange, dann schreit er: »Das bringt doch alles nichts. Lassen wir besser alles beim Alten.«

Und dann setzt eine Kakophonie innerer Stimmen ein, so misstönend wie eine Band mit halbstarken Möchtegernrockstars, die in der elterlichen Garage jammern:

»Meine Beziehung zu meinem Mann ist einfach nicht authentisch.«

»Mein Mann ist passiv und träge.«

»Nie bekomme ich, was ich mir wünsche.«

Mit anderen Worten, der bewusste Verstand interpretiert die Realität. Das Problem besteht dabei darin, dass er nicht weiter als bis zu seiner Nasenspitze sehen kann und sich stets an früheren Entscheidungen orientiert, die oft bis in die Kindheit zurückreichen. Die Resultate sind dementsprechend: unklar, verworren oder gar katastrophal.

Die bessere Lösung ist es, die Nagelzange nur für den Zweck zu verwenden, für den sie erschaffen wurde, sie anschließend wieder in den Badezimmerschrank zurückzulegen und zu einem Werkzeug zu greifen, das sich besser zum Rasenmähen eignet – innere Führung.

Wenn Sie den Dreh einmal heraushaben, werden Sie feststellen, dass es sehr zuverlässig funktioniert. Zudem sind ihre Antworten viel friedvoller und instinktiver, und sie berücksichtigen viel besser jene rational nur schwer vorhersagbaren Faktoren, die der Verstand nicht zu begreifen in der Lage ist.

Innere Führung kann viele Formen annehmen

>»Ich habe keine Ahnung, was der Ursprung
meiner inneren Stimme ist. Ganz sicher handelt
es sich nicht um die Stimme von Jesus Christus,
nicht um irgendeinen toten Ahnen und auch
nicht um einen hochrangigen Pleiader, der mir
von einem Raumschiff aus mediale Datenpakete
sendet – obwohl letztere Variante sicher
besonders unterhaltsam wäre.«
>
> *D. Patrick Miller, Gründer des Verlags Fearless Books*

Manchmal empfangen wir eine innere, intuitive Führung ganz
ungefragt. So war es in der Nacht, als ich voller Sorge war, weil
meine neugeborene Tochter unter hohem Fieber litt. Ich ging mit
Tasman in den Armen auf und ab und wusste nicht, was ich gegen das auf 41 Grad gestiegene Fieber unternehmen sollte. Es war
drei Uhr nachts. Zwar hatten meine Freundinnen gesagt, dass ich
sie »jederzeit, Tag und Nacht« anrufen konnte, und vermutlich
meinten sie das sogar. Aber ich konnte mich trotzdem nicht dazu
durchringen. Stattdessen lief ich in unserer kleinen Wohnung hin
und her. Plötzlich ertönte in meinem Kopf eine Stimme von ver-
blüffender Klarheit. Sie sagte: *Ich habe dir dieses große Geschenk
nicht gemacht, um es dir gleich wieder zu nehmen.* In diesem Moment wusste ich, dass alles gut werden würde.

Manchmal empfangen wir von unserer inneren Führung sehr
knappe und eindeutige Botschaften. Meine Freundin Darlene
hatte eine Vision, die ihr ziemlich unsinnig erschien. Ihre innere
Führung teilte ihr mit, dass sie sich für den Posten der musikali-
schen Leitung an ihrer Kirche in North Carolina bewerben sollte.

Hörte sich gut an, bis auf eine Kleinigkeit: Darlene verfügte über keinerlei musikalische Ausbildung und spielte lediglich Altsaxophon – und das nicht besonders gut. Sie sang sehr gerne, aber Freude am Singen zu haben und die Aufgabe, Musiker und einen Kirchenchor zu leiten, sind dann doch zwei Paar Schuhe. Ihr Verstand betätigte sich sofort als »Spindoktor«: *Darlene, schlag dir das sofort aus dem Kopf! Warum sollte Gott – oder überhaupt irgendjemand – wollen, dass ausgerechnet du Chor und Band eurer Kirche leitest?*

Sie beschloss aber trotzdem, der Sache wenigstens eine Chance zu geben, auch wenn sie sich einfach nicht vorstellen konnte, dass daraus etwas werden konnte. Sie ließ sich mit ihrer inneren Führung auf folgenden Handel ein: *Wenn du wirklich willst, dass ich diese Aufgabe übernehme, lass mich heute noch entweder mit dem Pfarrer, der Vorsitzenden des Kirchenvorstandes oder mit dem Organisten zusammentreffen.* Da Montag war und sich an diesem Tag in der Kirche normalerweise nichts tat, schien ihr dieser Vorschlag sicher. Immerhin war sie berufstätig, und die Chance, außerhalb der Arbeitszeit in ihrer Nachbarschaft einer dieser drei Personen über den Weg zu laufen, ging praktisch gegen null.

Nach der Arbeit hielt sie auf dem Nachhauseweg am Supermarkt, um ihre Einkäufe zu erledigen. Als sie sich an der Kasse anstellte, sagte jemand: »Hallo, Charlene, was machen Sie denn hier?«

Es war keine ätherische Stimme aus der Tiefe wie jene, die mir nachts um drei Trost gespendet hatte, sondern die Stimme von Mary Jenkins, der Vorsitzenden des Kirchenvorstandes, die vor Darlene in der Kassenschlange stand.

Damit möchte ich Ihnen veranschaulichen, dass diese innere Führung vielerlei Formen annehmen kann. Napoleon Hill, der

Autor des Klassikers *Denke nach und werde reich*, pflegte abends einen imaginären Beraterstab einzuberufen, der sich aus Ralph Waldo Emerson, Thomas Paine, Thomas Edison, Charles Darwin, Abraham Lincoln, Luther Burbank, Henry Ford, Napoleon und Andrew Carnegie zusammensetzte. Hill, als Vorsitzender dieses imaginären Gremiums, stellte diesen Persönlichkeiten Fragen und ließ sich von ihnen beraten.

Nachdem er diese abendlichen Gesprächsrunden einige Monate lang veranstaltete, entwickelten die Mitglieder seines Stabes zu seinem Erstaunen überaus individuelle Züge. Lincoln zum Beispiel kam häufig zu spät und stolzierte dann mit feierlicher Miene herum. Burbank und Paine lieferten sich geistreiche Wortgefechte.

»Diese Erlebnisse nahmen nun immer realistischere Formen an, sodass ich mir Sorgen wegen der möglichen Konsequenzen machte und das Experiment abbrach«, gesteht Hill in *Denke nach und werde reich*.

Wie viele Menschen, die auf ungewöhnliche Art innere Führung empfangen, widerstrebte es Hill, überhaupt irgendjemandem von seinen abendlichen Beratungsrunden zu erzählen.

Aber später schrieb er: »Auch wenn die Mitglieder meines Beraterstabes rein fiktiv gewesen sein mögen … haben sie mich doch zu großen Abenteuern inspiriert, mich zur Entfaltung meiner Kreativität angeregt und mich ermutigt, meine Gedanken aufrichtig zu äußern.«

Innere Führung kommt auf eine Art, für die Sie offen sind. Manche von uns benötigen einen kräftigen Schlag auf den Hinterkopf. Andere sind eher wie Gary Renard, Autor des Buches *Die Illusion des Universums*. Mit seinem extrem offenen Bewusstsein empfing er Botschaften von zwei aufgestiegenen Meistern, die ihn eines Abends aufsuchten, während er vor dem Fernseher saß.

Bevor Michael Beckwith das Agape International Spiritual Center in Los Angeles gründete, hatte er eine Vision, in der eine Schriftrolle entrollt wurde, auf der zu lesen stand: »Michael Beckwith wird in Tacoma in der Kirche der Religiösen Wissenschaft sprechen.« Als der Pfarrer dieser Kirche ihn anrief und sagte: »Michael, wir möchten, dass Sie bei uns predigen«, erwiderte Michael: »Ich weiß.«

Wir blenden unsere innere Führung aus

> »Zu den wichtigsten Funktionen der formalisierten
> Religionen gehört es, die Menschen vor einer
> unmittelbaren Gotteserfahrung zu schützen.«
>
> C. G. Jung, schweizerischer Psychiater

Leider lassen die meisten von uns nur ganz wenige innere Botschaften durch. Wir haben entschieden, dass Leuchtreklamen, Telegramme und Briefe von Gott okay sind. Alles andere finden wir aber, nun ja, ein bisschen furchterregend.

Wie bekämen wir es mit der Angst zu tun, wenn sich vor uns eine Schriftrolle entrollte oder ein aufgestiegener Meister in unserem Wohnzimmer erschiene! Unsere neuronalen Pfade sagen: »Oh, das ist nichts für mich. Dem bin ich nicht gewachsen.« Wenn nachts ein Engel am Fußende unseres Bettes erschiene, würden wir vermutlich die Polizei rufen.

Wir machen es unserer inneren Führung ganz schön schwer! Wie würden Sie sich fühlen, wenn Ihnen jemand eine Frage stellt und Ihnen dann den Rücken zudreht und alles ignoriert, was Sie ihm antworten? Wir sind wie Fünfjährige, die sich die Finger in die Ohren stecken und »La-la-la-la-la« rufen.

Wenn Ihr Handy klingelt, würden Sie wohl kaum das Gespräch annehmen und dann einen lauten Monolog führen. Sie würden »Hallo« sagen und dann zuhören, was der Anrufer von Ihnen will. Wir werfen der höheren Macht vor, dass sie uns keine klaren Botschaften übermittelt, aber wir sind es doch, die nicht an den Apparat gehen, wenn sie uns anruft.

Als Neale Donald Walsch sich zum ersten Mal mit Papier und Stift und einer brennenden Frage hinsetzte, war er zutiefst erschüttert, als eine Stimme, die er für Gott hielt, antwortete: »Willst du die Antwort wirklich hören? Oder schimpfst du nur herum?« Walsch, der widerstrebend beschloss, das Spiel mitzuspielen, sagte: »Beides. Und wenn du wirklich Antworten hast, möchte ich sie gerne hören.«

Woher haben wir bloß diese dumme Idee, dass innere Führung nur wenigen Glücklichen zuteilwird? Das hat viel mit den Mythen zu tun, die wir über Gott glauben. Dass er ja angeblich so geheimnisvoll ist und nur am Sonntag Zeit für uns hat. Niemand hat uns gesagt, dass unsere innere Führung jederzeit für uns da ist und dass wir uns hundertprozentig auf sie verlassen können. Sie ist immer verfügbar, vorausgesetzt, dass Sie bereit sind, ihr zuzuhören. So wie CNN immer verfügbar ist – Sie müssen nur den Fernseher einschalten.

Und es steht Ihnen frei, sie auf die Probe zu stellen und klare Antworten einzufordern. Jetzt.

Anekdotische Beweise

> »Mögen wir auch noch so viele Beweise haben,
> mit der Zeit neigen wir dazu, Erfahrungen
> auszublenden, die uns unnormal erscheinen.«
>
> *Martha Beck, Kolumnistin der Zeitschrift*
> *»O – The Oprah Magazine«*

Michael Beckwith habe ich bereits erwähnt – er ist der Mann, der die Vision von der Schriftrolle hatte. Eines Tages schaute er zu einem Windrad hinauf. Das war in der Zeit, bevor er Geistlicher wurde. Damals war er sich noch nicht sicher, ob es die richtige Entscheidung war, Gottes Ruf zu folgen. Er sagte geradeheraus: »Hör mal, Gott, wenn du wirklich von mir willst, dass ich diesen Weg einschlage, dann mach, dass das Windrad dort sich in meine Richtung dreht.« Obwohl es ein windiger Tag war und das Windrad sich sehr schnell in die andere Richtung drehte, hörte in dem Moment, in dem Beckwith die Worte ausgesprochen hatte, das Windrad auf, sich zu drehen, und schwenkte dann herum, sodass es genau in seine Richtung zeigte.

Bereits davor hatte er erstaunliche Erlebnisse: Um sich den Schulbesuch zu finanzieren (damals wollte er Medizin studieren), handelte Beckwith mit Drogen – nur für seine Freunde. Da er ein geselliger junger Mann mit vielen Freunden war, florierte dieses Geschäft ziemlich gut. Sein Handel mit Marihuana weitete sich immer mehr aus, er belieferte Kunden von der Ostküste bis zur Westküste. Und so kam er zur Überzeugung, dass er, wenn er keinen Fehler machte, sich mit 24 zur Ruhe setzen könnte.

Aber tief drinnen spürte er, dass das, was er da trieb, ganz und gar nicht in Ordnung war. Seine innere Führung ließ ihm keine

Ruhe, schickte ihm bizarre Träume und signalisierte unmissverständlich, dass es einen besseren Weg für ihn geben musste. Und so beschloss er, mit den Drogen Schluss zu machen und diesen »besseren Weg« zu gehen. Er sagte allen seinen Freunden, dass er sie nicht länger beliefern würde. Er würde aussteigen. Bei seinem letzten Drogen-Deal schlug das FBI zu. Nicht nur fanden die Beamten bei ihm 45 Kilo Marihuana, sondern auch einen großen Geldbetrag, Waffen und Hehlerware.

Doch seine innere Stimme sagte ihm: »Alles wird sich zum Guten wenden.«

Während er sich auf seine Gerichtsverhandlung vorbereitete, hielten ihn seine Freunde für verrückt. »Warum bist du nur so ruhig und ausgeglichen? Hast du denn keine Angst, dass du für lange Zeit ins Gefängnis musst?«, fragten sie ihn.

»Ich war schuldig, das wusste ich«, sagt er. »Aber Gott hatte mir versichert, dass alles gut werden würde.«

Zu diesem Zeitpunkt hatte er bereits eine neue, größere Vision für sein Leben geschaut. Als die Verhandlung begann (sein Verteidiger war Robert Shapiro, später durch den Prozess gegen O. J. Simpson bekannt geworden), fühlte Beckwith tiefen inneren Frieden. Er war von der Gewissheit erfüllt, dass Gott ihn liebte und für ihn sorgen würde. Und so geschah es dann auch: Beckwith wurde wegen eines Verfahrensfehlers freigesprochen. Als der Richter den Freispruch verkündete, sagte er zu Michael, er wolle ihn nie wieder vor Gericht sehen. Und Michael wusste, er würde sich nie mehr etwas zuschulden kommen lassen.

Manchmal schafft das Feld des grenzenlosen Potenzials es sogar, zu Menschen durchzudringen, die sich über Spiritualität lustig machen. Im Jahr 1975 war Gerald Jampolsky »nach außen« ein erfolgreicher kalifornischer Psychiater. Doch »drinnen« sah

es bei ihm ganz anders aus. Seine Ehe war nach 20 Jahren geschei-
tert. Er war alkoholkrank und litt unter chronischen Rücken-
schmerzen. Natürlich wäre er niemals auf die Idee gekommen,
um höhere Führung zu bitten. Er sagt dazu: »Ich war wirklich der
Letzte, der sich für Denksysteme interessierte, in denen Wörter
wie *Gott* und *Liebe* vorkamen.«

Dann stieß er auf *Ein Kurs in Wundern*, das von mir schon
mehrfach erwähnte Buch, in dem persönliche Transformation
gelehrt wird, die dadurch möglich wird, dass wir uns für Liebe
statt Angst entscheiden. Und plötzlich hörte er, wie eine innere
Stimme zu ihm sagte: »Arzt, heile dich selbst! Das ist dein Weg
nach Hause.« Und dieser Weg war genau der richtige. Seitdem
hat Jampolsky viele Bücher geschrieben. Er hält mit großem Erfolg Vorträge über die Prinzipien aus *Ein Kurs in Wundern* und
gründete in Sausalito, Kalifornien, ein Zentrum für Menschen
mit lebensbedrohlichen Krankheiten.

Klare und sofortige Führung steht uns rund um die Uhr zur
freien Verfügung. Statt aber auf sie zu achten, haben wir uns die
höchst unnatürliche Angewohnheit zugelegt, nicht zuzuhören.

Weitere anekdotische Beweise

> »Würde mir Gott doch nur ein klares Signal geben! Zum
> Beispiel könnte er für mich ein Konto bei einer Schweizer
> Bank eröffnen und dort eine große Summe einzahlen.«
>
> *Woody Allen, amerikanischer Filmemacher*

Die Schauspielerin Jamie Lee Curtis, damals 25, hatte in ihrem
kürzlich erworbenen Apartment in Los Angeles Besuch von ihrer

Freundin Debra Hill. Debra hatte *Halloween* produziert, den Horrorfilm, mit dem Curtis' Karriere begann. Als Geschenk hatte sie ihrer Freundin Jamie Lee die neueste Ausgabe der Zeitschrift *Rolling Stone* mitgebracht. Sie blätterten gemeinsam in dem Magazin und unterhielten sich optimistisch über Jamie Lees kürzlich verflossene Beziehung, als sie plötzlich ein Foto von drei Männern sahen.

Jamie Lee zeigte auf den Mann rechts, der ein kariertes Hemd und ein schelmisches Lächeln trug, und sagte zu Debra: »Diesen Mann werde ich heiraten.«

Sie hatte ihn nie zuvor gesehen und keine Ahnung, wer er war, aber etwas in ihr sagte ihr, dass er »der Richtige« für sie war.

»Das ist Christopher Guest«, meinte Debra. »Er spielt in der neuen Filmkomödie *This is Spinal Tap* mit. Ich kenne seinen Agenten.«

Jamie Lee, ganz ergriffen von ihrem eindeutigen Kribbeln im Bauch, rief den Agenten gleich am nächsten Tag an, gab ihm ihre Telefonnummer und sagte ihm, Chris könne sie anrufen, wenn er interessiert sei, sie zu treffen.

Aber er rief nicht an.

Einige Monate später saß Jamie Lee im Hugo's, einem beliebten Restaurant in West Hollywood. Als sie aufblickte, sah sie ihn, den Mann aus dem *Rolling Stone*. Er saß nur drei Tische entfernt und winkte ihr zu, als wollte er sagen: »He, ich bin der Typ, den du angerufen hast.« Sie winkte zurück.

Hm, dachte sie. *Interessant.* Allerdings stand er ein paar Minuten später auf, um zu gehen. Er zuckte die Achseln, winkte und ging zur Tür hinaus. Jamie Lee starrte auf ihren Teller und ärgerte sich darüber, an etwas so Dummes wie »innere Führung« geglaubt zu haben.

Aber am nächsten Tag klingelte ihr Telefon. Es war Chris Guest, und er wollte sich mit ihr verabreden. Vier Tage später trafen sie sich zum Dinner. Als Guest einen Monat später nach New York flog, um in einer Episode von *Saturday Night Live* mitzuspielen, waren sie leidenschaftlich ineinander verliebt.

Als er sie aus New York anrief, sagte er: »Ich bin heute über die Fifth Avenue spaziert.«

»Aha«, sagte Jamie Lee. »Und was hast du dort gemacht?«

»Magst du Diamanten?«, fragte er.

Sie heirateten am 18. Dezember 1984, acht Monate nachdem Jamie Lee Curtis den ersten intuitiven Hinweis erhalten hatte.

Die Methode

> »Das Rote Meer teilen, Wasser in Blut verwandeln,
> der brennende Dornbusch … nichts dergleichen
> geschah heute. Nicht einmal in New York.«
>
> Michael Crichton, Autor von »Jurassic Park«

Mit diesem Experiment werden wir beweisen, dass diese spirituelle, intuitive Führung, die Jamie Lee Curtis und andere Menschen empfangen haben, keine seltene und unheimliche Psi-Anomalität ist, sondern ein sehr reales und zuverlässiges Werkzeug, das wir alle jederzeit nutzen können.

Sie werden 48 Stunden damit verbringen, eine spezifische, konkrete Antwort auf eine spezifische, konkrete Frage zu erwarten. Es kann eine ganz simple Frage sein, zum Beispiel ob Sie ein zweites Kätzchen bei sich aufnehmen sollen, oder komplexer, etwa ob Sie ein Jobangebot annehmen sollen oder nicht. Wie dem auch sei, geben Sie Ihrer inneren Führung in jedem Fall 48 Stunden Zeit, die Frage zu beantworten. Aber geben Sie acht. Als ich diese Methode einmal ausprobierte, wurde ich gefeuert. Rückblickend erkenne ich aber, dass genau das die perfekte Antwort auf die von mir gestellte Frage war: »Ist das der richtige Zeitpunkt, um meine Karriere als freiberufliche Journalistin und Autorin zu starten?«

Wählen Sie ein Thema, das Ihnen zu schaffen macht, etwas, das mit einem einfach Ja oder Nein beantwortet werden kann, etwas, bei dem Sie wirklich verwirrt sind und nicht wissen, wie Sie sich entscheiden sollen. Ich weiß, Sie denken bereits an eine solche Frage. Sie können sicher sein, dass es funktioniert. Schauen Sie nun auf die Uhr.

Bitten Sie um eine klare, eindeutige Antwort in den nächsten 48 Stunden. Manchmal kommt die Antwort sofort, manchmal nach einem Tag, aber in 48 Stunden sollte für Sie alles klar sein.

Die Frage zu wählen und zu formulieren und den Zeitrahmen festzulegen ist Ihr Job. Den Rest erledigt das FP.

Stan (erinnern Sie sich noch an den coolen Surfer, den ich im Esalen-Institut kennengelernt hatte?) war arbeitslos geworden. Und es kam noch schlimmer: Die Frau, mit der er drei Jahre liiert gewesen war, verließ ihn. Also können Sie sich bestimmt vorstellen, dass er einige ernste Entscheidungen zu treffen hatte. Ganz oben auf seiner Agenda, so entschied Stan, stand, einen neuen Broterwerb zu finden. Aber er hatte keine Ahnung, womit er sein Geld verdienen sollte. Ich erinnerte ihn daran, dass es einen göttlichen Plan für sein Leben gab. Dieser Plan würde ihm enthüllt werden, wenn er nur eine klare Absicht formulierte und einen Zeitrahmen setzte.

Stan sagte also in etwa Folgendes: »He, Gott, alter Kumpel, wenn es stimmt, dass du einen Plan für mein Leben hast, könnte

146

ich einen deutlichen Hinweis gebrauchen. Ich bin gerade etwas in Zeitdruck, daher möchte ich bis Freitagmorgen wissen, was du mit mir vorhast.«

Am Donnerstagnachmittag ging er, einem inneren Impuls folgend, ins Thermalbad. Im Whirlpool kam er mit einem Mann ins Gespräch, dem er nie zuvor begegnet war. Der Mann erzählte, er wolle draußen in den Laurel Highlands in Pennsylvania ein Seminarzentrum eröffnen und suche jemanden, der für ihn die Geschäftsführung übernähme. Sofort fühlte Stan ein heftiges inneres Kribbeln. Und was soll ich sagen, keine 30 Minuten später bot der Mann ihm den Job an! Und das, obwohl Stans einzige Berufserfahrung mit Seminarzentren darin bestand, dass er mal in einem als Reinigungskraft gearbeitet hatte.

Und wieder ein Punkt für das FP!

Laborprotokoll

5. Experiment: Das Leserbrief-Prinzip

Prinzip: *Das Leserbrief-Prinzip*

Die Theorie: Deine Verbundenheit mit dem Feld sorgt dafür, dass du jederzeit präzise und umfassende Wegweisungen erhältst.

Die Frage: Ist es tatsächlich möglich, jederzeit und zuverlässig Führung zu erhalten?

Die Hypothese: Wenn ich um Führung bitte, werde ich eine klare Antwort auf die folgende Ja-oder-Nein-Frage erhalten: _____

_____

_____

Zeitraum: 48 Stunden

Heutiges Datum: _____ *Uhrzeit:* _____

Deadline, bis zu der die Antwort eintreffen soll:

_____

Die Kontaktaufnahme: Gut, dann mal los: »Okay, innere Führung, ich brauche eine Antwort auf diese Frage. Du hast 48 Stunden. Also etwas Tempo, bitte!«

Forschungsnotizen: _____

_____

_____

_____

_____

_____

_____

_____

_____

_____

_____

»Wenn der Mensch, von Fakten umgeben, sich keine
Überraschung, keinen intuitiven Geistesblitz, keine große
Hypothese, kein Wagnis erlaubt, macht er sich selbst
zum Gefangenen.«

Albert Einstein, theoretischer Physiker

6. EXPERIMENT

DAS SUPERHELDEN-PRINZIP

Dein Denken und Bewusstsein wirkt sich auf die Materie aus

> »Der Lauf der Welt ist nicht durch physikalische Gesetze vorherbestimmt ... der Geist besitzt die Macht, auf Gruppen von Atomen einzuwirken, und er kann sogar auf die Wahrscheinlichkeiten des atomaren Verhaltens Einfluss nehmen.«
>
> *Sir Arthur Eddington, englischer Mathematiker und Astrophysiker*

Die Prämisse

Der japanische Forscher Dr. Masaru Emoto verbrachte 15 Jahre damit, die Auswirkungen menschlichen Sprechens, Denkens und Fühlens auf die physikalische Materie zu untersuchen. Emoto wählte eines der vier traditionellen Elemente – das Wasser – und erforschte, wie es auf gesprochene Worte, auf Musik, Gebete und Einsegnungen reagiert. Emoto und seine Assistenten verwendeten hierzu über 10 000 Wasserproben. Diesen Proben wurden bestimmte Worte und Sätze vorgesprochen, es wurde ihnen Musik vorgespielt, und Emoto bat Mönche, über den Wasserproben Gebete zu rezitieren. Dann wurden die Proben eingefroren und die entstandenen Eiskristalle unter dem Mikroskop untersucht.

Falls Sie sich fragen, warum Emoto ausgerechnet Wasser erforschte, sollten Sie sich Folgendes klarmachen: Wasser ist überall – sogar in der Luft. Und weil der menschliche Körper und sogar die Erde zu 70 Prozent aus Wasser bestehen, erscheint es plausibel, dass auch diese komplexeren Systeme von Worten und Gedanken beeinflusst werden können, wenn dies beim Wasser der Fall ist.

Emoto fand heraus, dass sich, wenn die Forscher das Wasser »freundlich« behandelten, indem sie zu ihm Dinge sagten wie »Ich liebe dich« oder »Danke«, klare und schön geformte Eiskristalle bildeten. Wenn Emoto und sein Team negativ zu dem Wasser sprachen, beispielsweise »Ich hasse dich!« oder »Du Idiot!« schrien, bildeten sich statt schöner Kristalle dunkle, hässliche Strukturen. Als sie dem Wasser »Heartbreak Hotel« von Elvis Presley vorspielten, spaltete sich der resultierende Eiskristall in zwei Hälften.

Es gibt ein Foto, auf dem zwei Proben aus dem Fujiwara-Stausee zu sehen sind. Die erste Probe ist ein dunkler, amorpher Klumpen. Dann ließ Emoto einen Priester eine Stunde lang für den See beten. Die danach entnommene Probe zeigt einen klaren, leuchtenden hexagonalen Kristall in einem weiteren Kristall. Emoto entdeckte außerdem, dass mithilfe von Gebeten neue, bislang unbekannte Kristallformen erschaffen werden konnten.

Wir westlichen Menschen lernen nichts über Energie und die Macht unseres Körpers/Geistes. Statt dass man uns darin schult, uns auf unsere angeborene Intelligenz einzustimmen, heißt es: »Hier ist ein Arzt. Hier ist ein Therapeut. Wenn etwas nicht in Ordnung ist, lass dich von ihnen behandeln.« Trainer sagen uns, ob wir gut genug sind, in die Basketball-Mannschaft aufgenommen zu werden. Lehrer sagen uns, ob die Bilder, die wir im Kunstunterricht malen, etwas taugen. Man bringt uns von Kind an bei, unsere Macht an äußere Instanzen abzugeben.

Die Macht der Wahrnehmung

> »Mein Bewusstsein ist ein verwahrlostes Stadtviertel.
> Ich gehe dort lieber nicht allein hin.«
>
> *Anne Lamott, amerikanische Autorin*

Als ich am 17. Februar 1956 geboren wurde, warf mein Vater einen Blick auf mich, die ich dort hilflos in meinem rosa Bettchen lag, und sagte zu meiner Mutter, ich sei das hässlichste Baby, das er je gesehen habe. Verständlicherweise war meine Mutter am Boden zerstört. Und ich, ein erst paar Minuten altes Menschenwesen, war von diesem Moment an darauf festgelegt, dass Schönheit – oder das Fehlen derselben – jeden Augenblick meines Lebens färben würde.

Das mein Leben bestimmende Urteil meines Vaters wurde durch meine Nase hervorgerufen, die in meinem Gesicht hing wie ein überfahrenes Opossum. Nachdem meine Mutter sich 18 Stunden mit den Wehen herumgequält hatte, entschied der Gynäkologe, mit einer Geburtszange einzugreifen. Der Kampf zwischen der Geburtszange und mir endete für mich mit einer platt gedrückten Nase.

Die Nase nahm allmählich wieder normale Formen an, aber mein zerbrechliches Ego blieb entstellt. Verzweifelt wünschte ich mir, schön zu sein. Ich wollte meinem Vater beweisen, dass ich vorzeigbar war, und meine Mutter für die Scham entschädigen, die ich ihr bereitet hatte.

Ich wälzte Schönheitszeitschriften und studierte die Fotomodelle darin, wie eine Biologin Zellen studiert. Ich wickelte mir die Haare mit Orangensaftbüchsen und bestellte mir grüne Gesichtsmasken und Mitesser-Pumpen, die in Teenagermagazinen annonciert wurden. Ich sparte mein Taschengeld, um mir Clairol-Lockenwickler zu kaufen. Ich trug nachts Handschuhe, damit die Vaseline, mit der ich meine Hände eincremte, nicht die Bettwäsche verschmutzte. Ich schnitt mir sogar interessante Frisuren aus den Zeitschriften aus und klebte sie in mein persönliches »Schönheitsbuch«.

Neben den etwa 50 verschiedenen Frisurbeispielen enthielt dieses persönliche Schönheitsbuch meine Schönheitsziele: den Taillenumfang um zwölf Zentimeter reduzieren, die Brustgröße um vierzehn Zentimeter erhöhen, mir die Haare lang wachsen lassen und so weiter. Ich schrieb sogar ausführliche Pläne hinein, wie ich die einzelnen Ziele erreichen wollte. Für eine schlankere Taille wollte ich beispielsweise täglich 50 Sit-ups machen, morgens nur noch zwei Pancakes essen und auf Milky Way ganz verzichten.

Doch trotz meiner Bemühungen blieb ich weniger als schön. Was ich auch versuchte, nie war ich mit meinem Aussehen zufrieden. Wie denn auch? Meine ganze Existenz kreiste um diesen Satz meines Vaters, dass ich ein hässliches Baby sei. Das war der erste Satz, den ich in meinem Leben zu hören bekam, der Ausgangspunkt meiner künftigen Entwicklung. Ihm zuwiderzuhandeln hätte bedeutet, alles zu entehren, was ich kannte – meinen Vater, meine Mutter, mich selbst.

So wurden die Dinge immer schlimmer. In der sechsten Klasse entwickelte ich eine Sehschwäche und musste eine schwarze Hornbrille tragen. Als ich in der neunten Klasse meinen Vater endlich überzeugt hatte, mir Kontaktlinsen zu bezahlen, ein echtes Schönheits-Plus, explodierte plötzlich in meinem Gesicht die Akne. Alles Geld, das ich mit Babysitten verdiente, gab ich für Clearasil, entfettende Cremes und Angel-Face-Make-up aus. Als ich hörte, Schokolade und Softdrinks würden Pickel verursachen, gab ich sogar Coca-Cola und Schokoriegel auf.

Und als wäre das alles nicht schon furchtbar genug, ritt meine Schwester, der ungerechterweise Geburtszange und Hässlichkeit erspart geblieben waren, darauf herum, dass meine Vorderzähne schief seien. Wieder musste ich darum kämpfen, dass familiäres Geld investiert wurde, diesmal in eine Zahnspange.

Alle diese Mühen erwiesen sich als vergeblich. Ich hatte damals keine Ahnung, dass ich so lange »hässlich« bleiben würde, bis ich meine tief verwurzelte Art, über mich selbst zu denken, endlich veränderte. Sport, Make-up und die tollsten Frisuren änderten nichts daran, dass ich auf der Grundlage des Gedankenvirus lebte, das mein Vater mir damals einpflanzte, als er mich das »hässlichste Baby« nannte, das er je gesehen hatte. Oh, selbstverständlich machte ich vorübergehende Fortschritte. Ich befreite mich von Akne, ließ mir die Haare wachsen und die Zähne richten, aber schon bald geschah wieder etwas, das mich in meinem alten, vertrauten »Hässlichsein« bestätigte.

Sehen Sie, meinem Körper blieb gar nichts anderes übrig, als den Blaupausen zu folgen, die mein Denken ihm auferlegte.

Eines Tages entdeckte ich Selbsthilfeliteratur. Das war unvermeidlich. Eine College-Studienanfängerin, die sich für so hässlich wie Frankensteins Monster hält, braucht jeden Funken Auftrieb für ihr Selbstbewusstsein, den sie finden kann.

Den Anfang machte ich mit Wayne Dyers Buch *Der wunde Punkt*. Dann las ich ein Buch von Barbara Walters darüber, wie man gute Gespräche führt. Ich lernte, wie man Freunde gewinnt und Menschen beeinflusst. Ich lernte, wie man durch Affirmationen sein Selbstbewusstsein stärkt und durch Nachdenken reich wird. Alle diese Bücher trugen dazu bei, dass ich allmählich anfing, mich anders zu fühlen und anders über mich zu denken. Ich entdeckte sogar Dinge, die ich an mir mochte.

Selbst an meinem Aussehen. Ich war zum Beispiel groß, was bedeutete, dass ich beinahe alles essen konnte, was mir schmeckte, ohne zuzunehmen. Und mein dichtes Haar war nicht übel. Und die beste Freundin meiner Mutter sagte, ich hätte perfekt geformte Augenbrauen. Statt ständig das zu sehen, was mir nicht gefiel, konzentrierte ich mich immer mehr auf die Dinge, die mir gefielen. Und wie durch Zauberei verbesserte sich daraufhin mein Aussehen. Als ich das einschränkende Denken aufgab, entdeckte ich meine Schönheit. Je weniger ich das arme kleine Monster im Spiegel niedermachte, desto mehr fing es an, sich zu verwandeln. Je weniger ich *versuchte*, mich zu verändern, desto mehr veränderte ich mich.

Auf wundersame Weise erlangte ich meine normale Sehschärfe zurück. Brille und Kontaktlinsen benötigte ich nicht länger. Meine von Akne malträtierte Gesichtshaut heilte, und meine Zähne sahen, nachdem ich einige Monate lang eine Spange getragen hatte, endlich so regelmäßig aus wie bei den anderen Mitgliedern meiner Familie. Grotesk hässlich fühlte ich mich nur noch, wenn ich meinen Vater und seine zweite Frau besuchte.

Damals war es mir noch nicht bewusst, aber ich veränderte während dieser Besuche mein Aussehen, um zu bestätigen, was mein Vater über mich dachte – oder vielmehr, was er meiner Überzeugung nach dachte. Heute weiß ich, dass sich mein Vater damals gar nichts bei seiner Bemerkung gedacht hatte. Er hatte keinen Schaden anrichten wollen.

Weil ich es aber nicht besser wusste, nahm ich mir seine Bemerkung, ich sei ein hässliches Baby, zu Herzen und verwirklichte sie höchst detailreich und lebhaft.

Selbst die Sehschwäche war ganz und gar meine eigene Schöpfung gewesen, auch wenn manche Leute behaupten würden, es handele sich um eine genetische Neigung. Aber niemand sonst in unserer (fünfköpfigen) Familie war oder ist Brillenträger. Und es trug auch niemand sonst eine Zahnspange. Alle haben perfekt ebenmäßige Zähne.

Anekdotische Beweise

> »Ab jetzt jammere ich nicht mehr,
> schiebe nichts mehr auf, brauche nichts.
> Von dieser Stunde an befreie ich mich
> von Grenzen und eingebildeten Barrieren.«
>
> *Walt Whitman, amerikanischer Dichter*

Krankheit ist freiwillig. Vermutlich sollte ich mich auf meinen Geisteszustand untersuchen lassen, weil ich diesen Abschnitt in das Buch aufnehme. Wie Sie sehen, habe ich ihn in der Mitte eines langen Kapitels im hinteren Teil des Buches versteckt.

Natürlich haben Sie schon von solchen Ideen gehört – diese und jene Krebserkrankung sei auf unterdrückte Wut zurückzuführen, oder intensiver Stress könne Menschen über Nacht ergrauen lassen. Jedenfalls gehe ich so weit zu sagen, dass ein aufgeblähtes, gieriges Gesundheitssystem uns eingeredet hat, dass Krankheit unvermeidlich wäre. Keineswegs mache ich Ärzte, Krankenschwestern und anderes medizinisches Personal dafür verantwortlich, die zu 99,9 Prozent ihren Beruf voller Hingabe und in bester Absicht ausüben. Nein, sie werden ganz genauso getäuscht wie wir. Ich weise lediglich darauf hin, dass die Fehler in unserem Denken zu schwerwiegenden »Computerstörungen«

geführt haben. Statt Krankheit als Problem zu betrachten, als etwas, das korrigiert werden sollte, akzeptieren wir sie als unvermeidliche Tatsache des Lebens.

Wir alle haben diese willkürlich festgelegten Regeln akzeptiert, wonach Krankheit etwas Natürliches ist, dem niemand entkommen kann. Die meisten von uns können sich einen Zustand vollkommener Gesundheit gar nicht vorstellen.

Schon vor langer Zeit haben sich diese falschen Wahrnehmungsmuster etabliert. Wenn ein menschliches Bewusstsein denkt, etwas nicht tun zu können (zum Beispiel eine Arterie von einer Verstopfung zu befreien), informiert es das Gehirn, dass dies unmöglich ist, und das Gehirn informiert die Muskeln. Das »Virus« in unserem Bewusstsein hat unsere Fähigkeit eingeschränkt, die enorme Weisheit unseres Körpers zu nutzen.

Doch unser Glaube an den unvermeidlichen Verfall des Körpers scheint nur real, weil wir ihn schon so lange für real halten. Der französische Arzt und Nobelpreisträger Alexis Carrel wies nach, dass Zellen unendlich lange am Leben erhalten werden können. Mit seinen Forschungen zeigte er, dass »es keinen Grund gibt, warum Zellen jemals degenerieren müssten«.

»Uns wird durch Erziehung vermittelt, dass wir ohnmächtig und unwissend sind«, sagt Meir Schneider, der sich selbst von Blindheit heilte, »aber das ist nicht wahr. Wir tragen alles in uns, was wir wissen müssen.«

Schneider, der 1954 in der Ukraine zur Welt kam, litt von Geburt an unter Schielen, Glaukom, Astigmatismus, Nystagmus und weiteren schwer auszusprechenden Augenleiden.

Sein grauer Star war so schwer, dass er bis zum achten Lebensjahr fünf schwere Augenoperationen über sich ergehen lassen musste. Bei der letzten wurde die Linse auf seinem Augapfel zerstört, sodass er von da an als blind galt. So viel zur modernen Medizin.

Als Schneider 17 Jahre alt war, begegnete ihm ein Junge namens Isaac, der eine andere Botschaft für ihn hatte als die Ärzte. Isaac, ein Jahr jünger als Meir, sagte zu ihm: »Wenn du es wirklich willst, kannst du dir das Sehen beibringen.«

Diesen Glauben hatte ihm noch niemand vermittelt. Bislang hatte Schneider stets zu hören bekommen: »Du armer, armer blinder Junge.«

Meir Schneiders Familie riet ihm, wie jede gute, mitfühlende Familie, sich keine falschen Hoffnungen zu machen. »Probiere ruhig diese Übungen aus«, sagten sie, »aber vergiss nicht – du bist blind.« Nach einem Jahr machte Meirs Sehvermögen spürbare Fortschritte, ganz wie Isaac vorhergesagt hatte. Anfangs sah er noch nicht viel, aber genug, um zu glauben, dass dieser 16-jährige Junge namens Isaac mehr wusste als die Ärzte, die Meir als unheilbar erblindet abgeschrieben hatten.

Nach einiger Zeit entwickelte Schneider genug Sehkraft, um lesen, sich frei bewegen und sogar Auto fahren zu können. Heute ist er stolzer Inhaber eines kalifornischen Führerscheins und leitet ein von ihm selbst gegründetes Zentrum für Selbstheilung.

»Blinde«, sagt er, »werden noch blinder, weil man nicht von ihnen erwartet, dass sie etwas sehen können. Man ordnet sie in eine bestimmte Kategorie ein.«

Darüber hinaus kann er nicht verstehen, warum ein optimistisches Konzept von den meisten Leuten als bizarr abgelehnt wird.

Barbra Streisand, die im New Yorker Stadtteil Brooklyn aufwuchs, verliebte sich als junges Mädchen ins Kino. Nichts wünschte sie sich mehr, als ein glamouröser Filmstar zu werden. Leider war ihre verwitwete Mutter bettelarm und Barbra nicht gerade eine Schönheit wie Grace Kelly. Jeder vernünftige Berufsberater hätte ihr empfohlen, sich ein anderes Karriereziel zu suchen. »Sie haben eben eine, nun ja, ungewöhnliche Nase und … wie soll ich es höflich formulieren? Dass Sie Schauspielerin werden wollen, ist, als wollte der hünenhafte Basketballspieler Kareem Abdul-Jabbar Jockey werden.«

Aber Barbras Wunsch war *so* groß, dass sie meiner Meinung nach auf dem einzigen Weg die Umstände manipulierte, der ihr offenstand – sie entwickelte eine so grandiose Gesangsstimme, dass sie zu einem der größten Stars am Broadway und später dann auch im Kino wurde.

Auch wenn Sie jetzt die Augen verdrehen und das für sehr weit hergeholt halten – die Fakten sprechen für meine These: Niemand sonst in Barbras Familie konnte singen. Alle waren völlig unmusikalisch.

Die Materie beherrscht Sie nicht – Sie beherrschen die Materie

> »Wir gehen lieber unter, als uns zu ändern.
> Wir sterben lieber selbst vor Angst,
> als das Kreuz des Augenblicks zu schultern
> und unsere Illusionen sterben zu lassen.«
>
> *W. H. Auden, angloamerikanischer Dichter*

Mit 22 arbeitete Terry McBride auf dem Bau. Dabei zog er sich einen Bandscheibenvorfall zu. Nachdem er es ein Jahr lang mit Chiropraktik, Osteopathie und Schmerzmitteln versucht hatte, beschloss er, dem Rat eines Chirurgen zu folgen und sich die Wirbel operativ verblocken zu lassen.

»Man sagte mir, ich müsste für ein paar Wochen ins Kranken-haus, dann noch ein paar Wochen zu Hause bleiben, sechs Mo-nate ein Stützkorsett tragen, und danach wäre ich wieder wie neu«, berichtete McBride bei einem seiner Vorträge, den ich be-suchte.

Zwei Tage nach der Operation entwickelte er gefährlich hohes Fieber. Die Ärzte fanden heraus, dass er sich während des Ein-griffs mit Kolibakterien infiziert hatte. Während des folgenden Jahres musste er sich acht weiteren Operationen unterziehen, um der sich ausbreitenden Infektion Herr zu werden. Für die fünfte Operation wurde er ins Lehrkrankenhaus der Washingtoner Universität verlegt. »Dort«, meint er, »war ich eine Berühmtheit. Ich hatte den schlimmsten Fall von Osteomyelitis, der ihnen je untergekommen war.«

Am Abend vor einer neuerlichen Operation betrat sein Ärzte-team mit ernsten Mienen das Krankenzimmer. Auf den Röntgen-aufnahmen hatten sie entdeckt, dass die Infektion sich nicht län-ger auf seine Wirbelsäule beschränkte. Sie hatte sich auf Becken, Unterbauch und beide Beine ausgebreitet. Um ihn davon zu be-freien, so sagten sie, müssten sie ihn von einem Ende zum ande-ren aufschneiden. Sie versprachen, ihn mit diesem Eingriff end-gültig von der Infektion heilen zu können. Aber leider würde sein rechtes Bein danach für immer gelähmt sein.

»Nun«, berichtete McBride, »ich hatte bei einem der großen Metaphysiker gelernt – John Wayne. Wenn im Western jemand zum Duke sagte, sie müssten ihm das Bein abschneiden, sagte er: ›Ja, wenn es wirklich sein muss, worauf wartet ihr denn dann noch?‹«

Aber dann sagten die Ärzte zu ihm, wenn die Infektion so schlimm sei, wie sie alle befürchteten, könne hinterher auch noch sein linker Fuß gelähmt sein und er die Kontrolle über Blase und Schließmuskel verlieren. Und es bestünde ein ziemlich hohes Risiko, impotent zu werden.

»Damit«, fährt McBride fort, »hatten sie einen schweren Fehler gemacht.

Ich weiß nicht, wie es Ihnen erging, aber ich kam als glücklicher kleiner Junge auf diese Welt, der sich selbst mochte. Doch schon bald musste ich lernen, dass die Leute, die etwas zu sagen hatten, besser über mich Bescheid wussten als ich selbst. Ich lernte, aufmerksam zu sein und mir von den Lehrern sagen zu lassen, wie gut ich in der Schule war. Die Trainer entschieden, wie es mit meinen sportlichen Fähigkeiten aussah. Ich lernte früh, mein Selbstgefühl von äußeren Autoritäten abhängig zu machen.

Ein Bein hätte ich ihnen vielleicht noch geopfert«, so McBride weiter, »aber als diese Ärzte darauf beharrten, es wäre mein Schicksal, nach dieser Operation schwerbehindert zu sein, beschloss ich, mir von niemandem mehr sagen zu lassen, wer ich bin. An diesem Abend entschied ich, dass niemand mit einem tollen Namensschild auf dem Kittel mehr über mein Schicksal bestimmen würde.«

An diesem Abend änderte sich sein Leben. McBride, der die spirituellen Prinzipien studiert hatte, verkündete vor allen im Zimmer Anwesenden (dem fünfköpfigen Ärzteteam, seiner Frau und seiner zweijährigen Tochter), dass es eine universale Macht gibt und dass er diese Macht nutzen würde, um gesund und frei zu werden.

Als er solche Dinge zum ersten Mal aussprach, sagten alle: »Richtig so! Halte an deinen Träumen fest.« Aber nach zehn Operationen drängten ihn die Leute, endlich »die Realität zu akzeptieren« und sich nicht länger auf seine unbedeutenden, egoistischen persönlichen Prioritäten zu konzentrieren.

»Wir sprechen hier über solche unbedeutenden egoistischen Prioritäten wie, einen gesunden Körper zu haben, einen Rücken, der stark genug ist, um meine Tochter hochheben zu können. Unbedeutende egoistische Prioritäten wie, ohne Plastikbeutel zur Toilette gehen zu können«, sagt er. »Manche Leute legten mir nahe, dass vollkommene Gesundheit einfach nicht Teil von Gottes Plan sei.

Selbst als guter Fundamentalist konnte ich mir nicht vorstellen, dass ich es verdiente, 18-mal operiert zu werden. Vielleicht hatte ich genug gesündigt für vier oder fünf Operationen, aber niemals für 18.«

Sie schickten ihn zum Krankenhaus-Psychiater, der zu ihm sagte: »Hören Sie, es ist Zeit, die rosafarbene Brille abzunehmen. Vielleicht glauben Sie, um ein Mann zu sein, müssten Sie auf zwei Beinen stehen und wie Ihr Vater im Krieg kämpfen können. Aber es hilft nichts, Sie müssen sich mit dem Gedanken vertraut machen, den Rest Ihres Lebens im Rollstuhl zu verbringen.«

Er zeigte McBride seine Krankenakte, in der eindeutig stand: »Terry McBrides Krankheit ist unheilbar. Er wird dauerhaft behindert bleiben und sich immer wieder Operationen unterziehen müssen.«

»Aber ich bin nicht meine Krankenakte«, beharrte McBride. »Ich bin nicht meine Vergangenheit. Es gibt eine Macht und Kraft in mir. Ich lebe in einem spirituellen Universum, und das spirituelle Gesetz kann mich befreien.«

Der Psychiater fragte: »Glauben Sie denn nicht, Ihr Körper wäre längst geheilt, wenn eine Heilung möglich wäre?«

Aber Terry McBride weigerte sich aufzugeben. In den nächsten elf Jahren folgten 30 schwere Operationen. Er erhielt einen künstlichen Darmausgang. Doch die ganze Zeit über beharrte er, dass Gesundheit und Wohlergehen seine spirituelle Bestimmung wären.

Schließlich, zu einem Zeitpunkt, als die meisten von uns längst aufgegeben hätten, verließ er das Krankenhaus als freier und vitaler junger Mann. Heute reist er durchs Land und berichtet von seiner Reise. In seinen Vorträgen vermittelt er den Menschen die Wahrheit über ihre wunderbare göttliche Natur.

Er sagt: »Wir sind bereits frei. Die unendliche Macht Gottes wird unseren Glauben an Krankheit und Mangel unterstützen, wenn es das ist, was wir wollen. Aber wir können uns dafür entscheiden, stattdessen an Gesundheit, Liebe, Freude und Frieden zu glauben. Es ist an der Zeit, unser Einssein mit Gott zu beanspruchen und mutig unser Leben zu entfalten. Ihr alle seid Gott, und das ist die Wahrheit, die euch befreien wird.«

Die Methode

> »Es gibt keine Begrenzungen für das
> Selbst, außer jenen, an die ihr glaubt.«
>
> *Seth, körperloser Lehrer, gechannelt von Jane Roberts*

Da uns nicht wie Masaru Emoto zahlreiche Mikroskope und ein Forschungsteam zur Verfügung stehen, werden wir versuchen, Materie zu beeinflussen, indem wir ein Experiment duplizieren, das Sie wahrscheinlich aus der Grundschule kennen – Bohnensamen ziehen. Larry Dossey hat in seinen Büchern über das Beten detailliert über medizinische Studien berichtet, die eindeutig

beweisen, dass eine zielgerichtete Absicht so ziemlich alles beeinflussen kann, von Roggensamen bis zu Frauen mit Brustkrebs.
Aber auch hier gilt wieder: Wir sind Anfänger, daher werden wir
mit Bohnensamen beginnen.

Materialien:

- ein Eierkarton

- Blumenerde

- Samen von grünen Bohnen

Anweisungen:

Setzen Sie zwei Bohnensamen in jede der zwölf Mulden des Eier-
kartons und stellen Sie ihn auf die Fensterbank. Gießen Sie alle
paar Tage. Fassen Sie folgende bewusste Absicht: *Mit der mir an-
geborenen Energie verfüge ich, dass die Bohnen auf der linken
Seite des Kartons schneller wachsen als die auf der rechten Seite.*
Notieren Sie an den folgenden sieben Tagen Ihre Beobachtungen. *Voilà* – am Ende der Woche sollten Sie den deutlichen Beweis sehen, dass Ihre Absicht sich manifestiert hat.

In der Zwischenzeit können Sie mit etwas experimentieren, das
von Forschern *angewandte Kinesiologie* genannt wird. Das mag
kompliziert klingen, ist aber lediglich eine einfache Methode,
um zu testen, wie Ihr Körper auf negative und positive Aussagen
reagiert, die laut ausgesprochen werden.
Der Pionier der angewandten Kinesiologie, John Goodheart,
entdeckte in den 1960er-Jahren, dass bestimmte Muskeln augenblicklich schwächer wurden, wenn man den Körper schädlichen

Substanzen aussetzte. In Gegenwart von therapeutisch wirksamen, wohltuenden Substanzen wurden die Muskeln stärker. Im folgenden Jahrzehnt fand John Diamond heraus, dass unsere Muskeln auch auf emotionale und intellektuelle Stimuli reagieren.

- Legen Sie Daumen und Mittelfinger beider Hände ringförmig gegeneinander. Verschränken Sie diese beiden Ringe. Ziehen Sie nun mit dem aus Daumen und Mittelfinger gebildeten Ring der rechten Hand fest an dem Ring der linken Hand. Der Zug sollte so stark sein, dass die Finger ihn gerade noch halten können. Entwickeln Sie ein Gespür dafür, wie sich das anfühlt.

- Sprechen Sie laut Ihren Namen aus. »Ich heiße …« Üben Sie dabei den Zug wie beschrieben aus. Ich gehe davon aus, dass Sie Ihren wahren Namen gesagt haben, und deshalb sollten Sie das Gefühl haben, dass die Finger stark bleiben.

- Sagen Sie jetzt: »Ich heiße Julia Roberts.« Wenn Sie dabei die gleiche Kraft aufwenden wie zuvor, sollten die Finger nachgeben.

- Probieren Sie mehrere wahre und falsche Aussagen durch, bis Sie ein gutes Gefühl für die Methode entwickeln. Wenn der Ring Ihrer Finger hält, zeigt das eine positive Reaktion an. Wenn die Finger der rechten Hand in der Lage sind, den Ring der beiden Finger der linken Hand zu lösen, bedeutet das ein klares Nein.

Das ist nicht nur ein wirkungsvolles Werkzeug, um den Rat des eigenen Körpers einzuholen, sondern Sie können damit auch testen, wie Ihr Körper auf Aussagen wie die folgenden reagiert:

»Ich bin ein Vollpfosten.«

»Ich bin liebevoll, leidenschaftlich, friedfertig und glücklich.«

»Ich hasse meinen Körper.«

»Ich bin stark und bestimme selbst über mein Leben.«

Laborprotokoll

6. Experiment: Das Superhelden-Prinzip

Prinzip: *Das Superhelden-Prinzip*

Die Theorie: Dein Denken und Bewusstsein wirkt sich auf die Materie aus.

Die Frage: Kann ich durch meine bewusste Aufmerksamkeit die materielle Welt beeinflussen?

Die Hypothese: Wenn ich meine gezielte Aufmerksamkeit auf eine Gruppe von Bohnensamen richte, kann ich sie dadurch veranlassen, schneller zu wachsen.

Zeitraum: Sieben Tage

Heutiges Datum: _____ *Uhrzeit:* _____

Die Kontaktaufnahme: Ich werde meine gezielte Aufmerksamkeit auf eine Pflanzreihe von Bohnensamen richten. Ich werde diesen Samen positive Schwingungen senden und erwarte, dass ich sie mit meiner Energie beeinflussen kann.

Forschungsnotizen: _____

_____

_____

_____

_____

_____

_____

_____

_____

_____

_____

_____

_____

_____

_____

_____

_____

»Die Menschen sollten einsehen, dass ihre Gedanken prägender sind als ihre Gene, weil die Umwelt, die durch unsere Gedanken beeinflusst wird, die Gene kontrolliert.«

Bruce Lipton, amerikanischer Zellbiologe

7. EXPERIMENT

DAS IDEALFIGUR-PRINZIP

Dein Denken und Bewusstsein steuert den Zustand deines physischen Körpers

> »Dein Körper ist einfach ein
> lebendiger Ausdruck deiner Weltsicht.«
>
> *Carl Frederick, Autor des Buches*
> *»Est Playing The Game: The New Way«*

Die Prämisse

Die Umwelt, in der Sie leben, reagiert auf Ihre Gedanken und Emotionen. Um das auf leicht beobachtbare Weise zu demonstrieren, werden wir Ihre Badezimmerwaage nutzen. Ja, bei diesem Experiment werden Sie Ihren Körper in den Dienst der Wissenschaft stellen! Aber keine Angst, es dauert nur drei Tage. Und das Resultat wird etwas sein, das, laut einer Studie der Cornell-Universität, 90 Prozent von uns ohnehin aktiv versuchen: Abnehmen. Was die zwei oder drei Glücklichen angeht, die gerne *zunehmen* wollen – nun, Sie können auf jeden Fall sicher sein, dass Ihre Gesundheit und Vitalität zunehmen werden.

Wie alles andere auf der Welt ist auch Ihr Essen von Energie durchdrungen. Indem Sie mit ihm zusammenarbeiten, statt dagegen anzukämpfen (was die meisten von uns in unserer Obsession, Pfunde zu verlieren, tun), werden Sie ganz mühelos ein oder zwei Pfund abnehmen, ohne irgendetwas an Ihrer Ernährung zu ändern.

Die spezifische Prämisse für dieses Experiment lautet, dass die Energie, mit der Ihr Essen Sie versorgt, durch das, was Sie sagen und denken, beeinflusst wird. Die Nahrung, die Sie sich einverleiben, besteht nicht aus statischen Nährstoffklumpen, sondern es handelt sich um Bissen aus dynamischer Energie, die sämtliche Ihrer Wünsche und Absichten belauschen.

Zwar lassen sich Ihre Gedanken von den Ernährungswissenschaftlern nicht quantifizieren, sodass man sie auf der Packung bei den Inhaltsstoffen auflisten könnte. Aber um beurteilen zu können, wie eine Fertigpizza oder eine Nudelsoße sich auf Ihre Gesundheit auswirkt, müsste man Ihre Gedanken eigentlich immer mit berücksichtigen. Die Energie Ihrer Gedanken wird immer zusammen mit dem Calcium und dem Vitamin D verdaut.

Falls Sie ihn noch nicht kennen, sollten Sie sich unbedingt den Dokumentarfilm *I am* von Tom Shadyac besorgen. Der gesamte Film ist sehr sehenswert, aber für dieses Experiment bitte ich Sie, sich besonders die Szene anzuschauen, in der Shadyac, ein bekannter Hollywoodregisseur, das Institute of HeartMath besucht, eine gemeinnützige Forschungsorganisation, wo man die Auswirkungen von Stress auf die Energie des Menschen untersucht. Man sieht, wie Rollin McCraty, der langjährige Forschungsdirektor des Instituts, Elektroden an eine mit Joghurt gefüllte Schale anschließt.

Der gängigen Betrachtungsweise zufolge ist Joghurt nichts als ein träger Milchklumpen. Doch McCraty demonstriert mit den Elektroden, dass der Joghurt auf Shadyacs Gedanken und Gefühle reagiert. Die Nadel des Bioreaktions-Messgeräts schwankte wild, als Shadyac nach einer gescheiterten Ehe gefragt wurde. Als er seinen Anwalt erwähnte, mit dem es noch einige Probleme zu klären gab, verließ die Nadel den normalen Anzeigebereich.

Obwohl der Joghurt in keiner Weise physisch mit Shadyac verbunden war, konnte er offenbar dessen Emotionen lesen. Als der
Regisseur seine Aufmerksamkeit dann wieder der Gegenwart,
dem Zimmer, in dem sie sich befanden, zuwandte, beruhigte sich
die Nadel.

»Wir wissen nicht genau, warum es funktioniert, aber wir verfügen über unwiderlegbare Beweise, dass die Emotionen des
Menschen ein sehr reales Energiefeld erzeugen, auf das andere
lebendige Systeme reagieren«, sagt McCraty.

Denken Sie darüber nach. Wie oft haben Sie schon Sätze wie
die folgenden gesagt oder gedacht?

– Abzunehmen fällt mir wirklich schwer.

– Ich nehme schon zu, wenn ich Schokolade nur anschaue.

– Ich habe einen langsamen Stoffwechsel.

Solche Gedanken bewirken nicht nur, dass Sie sich schlecht fühlen, sie wirken sich zudem radikal auf Ihren Körper und die Nahrung, die Sie essen, aus.

In den 1960er-Jahren machte der frühere CIA-Agent Cleve
Backster Schlagzeilen, als er entdeckte, dass Pflanzen die Absichten der Menschen wahrnehmen können. Nach seinem Ausschei-
den bei der CIA gründete Backster 1966 eine Schule für Lügen-
detektor-Spezialisten.

Als er eines Abends in seinem New Yorker Büro saß, beschloss
er, ein Galvanometer an eine Zimmerpflanze anzuschließen. Es
geschah aus einer Laune heraus, einfach als Zeitvertreib. Er fand
heraus, dass der Drachenbaum, mit dem seine Sekretärin das
Büro dekoriert hatte, nicht nur auf physische Beschädigung re-

agierte (Backster tauchte seine Blätter in heißen Kaffee oder hielt ein brennendes Streichholz daran), sondern sogar auf seine Gedanken und Absichten. Das war ein großer Schock für ihn. Wie er sagte, stand er kurz davor, hinaus auf die Straße zu laufen und allen zuzurufen: »Pflanzen können denken!« Stattdessen stürzte er sich in eine intensive Untersuchung des Phänomens, dass die Pflanze offenbar auf seine Gedanken reagierte.

Mithilfe fortschrittlicher Lügendetektor-Technik konnte er nachweisen, dass Pflanzen – und zwar alle Pflanzenarten – auf menschliche Gedanken und Gefühle reagieren. Er testete Dutzende verschiedener Pflanzensorten, auch solche, die wir Menschen täglich verzehren. Dabei entdeckte er, dass Pflanzen auf für Menschen unhörbare Töne reagieren sowie auf für uns unsichtbares infrarotes und ultraviolettes Licht.

Lange bevor solche ausgeklügelten Messinstrumente zur Verfügung standen, hatte der 1943 verstorbene österreichische Biologe Raoul Francé bereits vermutet, dass Pflanzen ständig Ereignisse und Phänomene beobachten und registrieren, von denen wir Menschen – gefangen in unserer anthropozentrischen Weltsicht – nichts wissen.

Aber was hat das mit unserer Badezimmerwaage zu tun?

Die durchschnittlich eine Tonne Nahrung, die wir pro Jahr konsumieren, ist zum großen Teil pflanzlichen Ursprungs. Zugegeben, viel davon ist bis zur Unkenntlichkeit industriell verändert und verarbeitet, aber dennoch stammt all das von lebendigen, fühlenden Pflanzen. Der restliche Teil unserer Nahrung ist tierischen Ursprungs, und Tiere – raten Sie mal – bekommen ihre Energie von Pflanzen. Also stammt praktisch alles, was uns am Leben erhält, alles, was wir essen, trinken und an Rauschmitteln und Arzneien zu uns nehmen, von Pflanzen, die, wie Backster und nach ihm andere Wissenschaftler bewiesen haben, unsere Gedanken lesen können.

Begreifen Sie, was das bedeutet?

Ihre Gesundheit hängt zum großen Teil davon ab, was Sie über sich selbst, Ihren Körper und Ihr Essen denken und sagen. Mit religiösem Eifer Kalorien und Fett zu zählen könnte das Haupthindernis sein, das zwischen Ihnen und Ihrem Idealgewicht liegt.

Kampf gegen das Essen

> »Je besessener man vom Schlankwerden
> ist, desto unwahrscheinlicher
> wird es, dieses Ziel zu erreichen.«
>
> *Augusten Burroughs, amerikanischer Autor*

Diäten sind der Feind. Sie machen uns paranoid, verrückt – und dick. Man muss kein Wissenschaftsgenie sein, um zu erkennen, dass Diäten nicht funktionieren. Warum also quälen wir uns so hartnäckig mit ihnen herum, obwohl man sie doch alle in die Tonne hauen kann? Überlegen Sie mal: Wenn Sie Ihren Wochenlohn kassieren wollen und Ihr Chef zu Ihnen sagt: »Bedaure, aber wir haben beschlossen, Sie diese Woche nicht zu bezahlen«, würden Sie weiter für ihn arbeiten, Woche für Woche, in der Hoffnung, dass er es sich eines Tages anders überlegt und Sie doch noch bezahlt?

Die meisten von uns haben, gelinde gesagt, eine etwas komplizierte Beziehung zum Essen. Statt die Leben spendende Kraft unserer Nahrung zu genießen, fürchten wir sie, verachten sie und geben ihr die Schuld an dem Bild, das wir von uns im Spiegel sehen. Könnte man unser Verhältnis zum Essen nicht als wahre *Hassliebe* bezeichnen?

Solange Sie negativ über sich selbst denken und Zeit damit vergeuden, abnehmen zu *wollen*, bekommen Sie genau das: Negativität und »den Zustand, abnehmen zu wollen«.

Diese Art zu denken ist nicht nur kontraproduktiv, sondern hält Sie zudem genau in dem unerwünschten gegenwärtigen körperlichen Zustand gefangen.

Ihr Körper ist Barometer für Ihre Überzeugungen. Ihre Zellen belauschen alles, was Sie sagen und denken. Wenn Sie abfällige Bemerkungen über den Wackelpudding an Ihren Armen machen oder ständig negativ an den Rettungsring um Ihre Taille denken, prägen Sie diese negative Energie Ihren Muskeln, Drüsen und Körpergeweben regelrecht auf.

Vielleichts ist das ein Schock für Sie – ganz besonders dann, wenn Sie einen großen Teil des Tages damit zubringen, sich über Ihren hässlichen, von Cellulite entstellten Körper zu beklagen – aber Gesundheit ist der normale Zustand Ihres Körpers. Er kann sich selbst heilen und regulieren, ohne dass Sie ihn dazu antreiben müssen. Wenn Sie aber fieberhaft Tabellen führen und Kalorien zählen, hindern Sie Ihren Körper damit daran, sich zu verändern.

Anekdotische Beweise

> »Unser Körper ist ein lebendiger Kristall.
> Wir können elektromagnetische Energie
> empfangen, senden und speichern.«
>
> *Norman Shealy, amerikanischer*
> *Ganzheitsmediziner und Neurochirurg*

Als Teenager nahm Alan Finger, heute ein bekannter Yogalehrer, 45 Kilo ab, und zwar – halten Sie sich fest! – in einem Monat.

Sein Vater Mani Finger brachte aus Indien sehr wirkungsvolle yogische Atemübungen mit, die er seinem übergewichtigen Sohn beibrachte.

Nachdem Alan nur einen Monat lang diese Übungen praktiziert hatte, war er 45 Kilo leichter.

Ich weiß, was Sie denken. Das ist unmöglich. Ausgeschlossen.

Einen Moment, bitte. Genau solche, die unendlichen Möglichkeiten des Lebens negierende Gedanken sind es, mit denen Sie sich selbst im Weg stehen. Um Ihre Energie zu ändern, müssen Sie Ihr Denken ändern. Streichen Sie das Wort *unmöglich* aus Ihrem Vokabular.

Eine meiner Freundinnen hatte etwa 30 Jahre lang versucht, abzunehmen. Sie probierte wirklich alles aus, Sport ebenso wie strengste Diäten. Nichts half. Schließlich konsultierte sie einen Spezialisten für Emotional Freedom Techniques (EFT), obwohl sie stark bezweifelte, dass durch ein simples Herumklopfen auf den Meridianpunkten ihres Körpers jener Kampf gegen das Übergewicht gewonnen werden könnte, den sie nun schon so viele Jahre vergeblich führte. Im Verlauf von nur einem Monat, in dem sie am Abbau ihrer Energieblockaden arbeitete, verlor sie alle ihre hartnäckigen Pfunde! Seitdem hält sie mühelos ihr Gewicht und sieht heute fabelhaft aus.

Wenn man bedenkt, dass Alan Finger in nur einem Monat 45 Kilo verlor (nachzulesen in seinem Buch *Breathing Space*, das er mit der Yogalehrerin Katrina Repka schrieb), was haben Sie zu verlieren, wenn Sie sich entscheiden, solche Erfolge für möglich zu halten?

Ebenfalls sehr zu empfehlen ist das Buch *Intelligente Zellen* von Bruce Lipton, einem Zellbiologen, der an der Stanford University lehrte. Er fand heraus, dass unsere Körper, entgegen dem, was wir alle glauben, weit mehr durch unsere Energie und unsere Gedanken beeinflusst werden als durch unsere DNA.

Lipton erzählt eine bemerkenswerte Geschichte über eine Gruppe von Patienten mit Kniebeschwerden. Die erste Gruppe unterzog sich einer komplizierten Knieoperation. Die zweite Gruppe glaubte ebenfalls, operiert werden zu müssen, aber der Arzt, der die Studie durchführte, nahm bei diesen Patienten nur äußerliche kleine Schnitte am Knie vor, ohne tatsächlich zu operieren, wovon sie aber natürlich nichts wussten. Anschließend ging es den Patienten in beiden Gruppen besser. Sie konnten bald wieder gehen, Basketball spielen und alles tun, was sie vor ihrer Knieverletzung getan hatten.

Das ist nun wirklich ein eindrucksvoller Placeboeffekt, der beweist, dass es genügt, wenn Sie sich selbst als dünn und schön sehen, statt negativ von sich zu denken. Mit Experiment Nummer 5 haben wir demonstriert, dass alles das mehr wird, worauf Sie sich in Ihrem Leben konzentrieren. Wenn Sie sich darauf konzentrieren, dick zu sein und eine Diät machen zu müssen, wird genau diese »Realität« in Ihrem Leben zunehmen.

Die Methode

»Lassen Sie sich das Leben schmecken.«

Julia Child, amerikanische Autorin und Fernsehköchin

Für dieses Experiment werden Sie Ihren ständigen Groll gegen das Essen aufgeben, das Sie zu sich nehmen. Denken Sie, dass jeder Bissen, den Sie in den Mund schieben, Ihr bester Freund ist oder jedenfalls ein durch und durch nahrhafter sehr guter Bekannter.

Der Energietherapeut Thomas Hanna sagte, dass wir, wenn wir den Körper eines Menschen betrachten, den Geist dieses Menschen in Bewegung sehen. Wenn wir zunehmen, dann in erster Linie wegen der Gedanken, die wir über uns selbst denken, und weniger, weil wir der Bananentorte nicht widerstehen konnten.

Deshalb werden Sie während des Experiments nichts Negatives über Ihren Körper sagen – auch wenn Ihnen das schwerfällt. Jedes Mal wenn Sie eine abfällige Bemerkung über Ihren Körper machen, verkehren Sie diese Aussage ins Gegenteil – wenn nicht laut, dann wenigstens in Gedanken.

Zum Beispiel ruft Ihre beste Freundin an, und ohne nachzudenken platzen Sie heraus: »Ich habe gestern im Kino eine ganze Tüte Popcorn gegessen. Bestimmt habe ich drei Kilo zugenommen.« Löschen Sie diese negative Affirmation, indem Sie etwas sagen wie: »Als Antonio Banderas sein Hemd auszog, habe ich die halbe Tüte verschüttet, und ich finde, ich sehe schlanker aus.« (Keine falsche Bescheidenheit: Es ist vollkommen okay, sich einzugestehen, dass Sie einfach umwerfend sind!)

Nahrungsmittel stecken voller fantastischer Energie, und deshalb sollte Essen für Sie eine durch und durch positive Erfahrung sein. Was das betrifft, laufen wir heutzutage so weit neben der Spur, dass dies für die meisten Leute das schwierigste Experiment sein dürfte.

Da in unserer Kultur Schuldgefühle bezüglich des Essens eine so tief verwurzelte Angewohnheit sind, kann es sein, dass dieses Experiment sich für Sie völlig unnatürlich anfühlt. Sie werden etwas üben müssen.

Vielleicht werden Sie auch das gesamte Experiment wiederholen müssen, wenn Sie bemerken, dass Sie wieder in die alten Muster zurückfallen und darüber nachdenken, wie viele Kalorien und wie viel Gramm Fett Sie konsumieren dürfen. Deswegen nehmen wir uns für dieses Experiment statt 48 Stunden 72 Stunden Zeit.

Wir möchten beweisen, dass Ihre Gedanken und Ihre Energie sich in einem ständigen Tanz mit der Sie umgebenden Welt befinden.

Erinnern Sie sich noch an die Zeit, als in den Familien vor den Mahlzeiten ein Tischgebet gesprochen wurde? In meiner Familie war das üblich, sogar im Restaurant, was mir schrecklich peinlich war, als ich auf die Highschool ging. Heute weiß ich, dass durch diese Gebete dem Essen positive Energie und gute Gedanken zugeführt wurden – auch wenn uns das damals nicht bewusst war. Aber jedenfalls hatten die Mitglieder meiner Familie nie nennenswerte Gewichtsprobleme.

Während dieses Experiments werden Sie Folgendes tun:

1. Verzichten Sie darauf, schlecht über Ihren Körper zu reden. Wenn möglich, unterlassen Sie jegliche Negativität.

2. Strahlen Sie vor jeder Mahlzeit liebevolle Gedanken auf Ihr Essen aus, halten Sie Ihre Hände darüber und segnen Sie es.

3. Konzentrieren Sie sich darauf, Ihr Essen mit Liebe, Freude und Frieden aufzuladen.

Das ist alles.

Wiegen Sie sich, bevor Sie das Experiment beginnen, und drei Tage später.

Laborprotokoll

7. Experiment: Das Idealfigur-Prinzip

Prinzip: Das Idealfigur-Prinzip

Die Theorie: Dein Denken und Bewusstsein steuert den Zustand deines physischen Körpers.

Die Frage: Wirkt sich das, was ich denke, auf meine Umwelt aus – insbesondere auf das Essen, das ich verspeise?

Die Hypothese: Wenn sich meine Gedanken und mein Bewusstsein in einem ständigen Tanz mit meiner Umwelt befinden, wird auch das, was ich esse, zwangsläufig durch meine Gedanken beeinflusst. Indem ich anders über mein Essen denke und spreche, werde ich gesünder sein und als Belohnung für dieses kleine Experiment mindestens ein Pfund abnehmen.

Zeitraum: 72 Stunden

Heutiges Datum: _____

Morgendliches Gewicht vor Beginn des Experiments:

_____

Morgendliches Gewicht nach drei Tagen:

_____

Die Kontaktaufnahme: Ändern Sie nichts an Ihrem Essverhalten. Während des Experiments sollten Sie sich darüber gar keine Gedanken machen. Doch jedes Mal wenn Sie im Verlauf der drei Tage etwas essen, sei es das Rührei am Morgen oder ein großes Stück vom Geburtstagskuchen einer Arbeitskollegin, senden Sie dem Essen positive, liebevolle Gedanken, ehe Sie es verspeisen. Danken Sie ihm dafür, dass es Sie nährt, und erwarten Sie, dass es zu Ihrem körperlichen Wohlbefinden beiträgt.

Forschungsnotizen: _____

_____

_____

_____

_____

_____

_____

_____

_____

»Sie erschaffen sich Ihre körperliche Schönheit selbst –
mit Ihrem Bewusstsein.«

Augusten Burroughs, amerikanischer Autor

8. EXPERIMENT

DAS 101-DALMATINER-PRINZIP

Du bist mit allem und jedem
im Universum verbunden

> »Ich bin, weil wir sind.«
>
> *Grundsatz des Ubuntu, einer*
> *südafrikanischen Philosophie*

Die Prämisse

Mit diesem Experiment werden Sie beweisen, dass Sie durch ein »unsichtbares« Feld der Intelligenz und Energie mit allem und jedem verbunden sind. Die Quantenphysiker bezeichnen dieses Netzwerk der Verbundenheit als *Nichtlokalität*.

Und obwohl sie quasi zu den Markenzeichen der Quantenmechanik gehört, hat die Nichtlokalität, zusammen mit ihrer Cousine, der Verschränkung, in den letzten 300 Jahren für viel Kopfzerbrechen gesorgt, angefangen bei Sir Isaac Newton. Er hielt das, was er »Fernwirkung« nannte, für aberwitzig (obwohl seine eigene Gravitationstheorie die Existenz eines solchen Phänomens nahelegte). Kurz gefasst, bedeutet Nichtlokalität, dass zwei räumlich getrennte Teilchen sich zueinander synchron verhalten.

Aber das erscheint völlig unlogisch, nicht wahr? Nehmen wir an, Sie möchten einen Schuh bewegen, der mitten im Zimmer auf dem Boden herumliegt. Dann bleibt Ihnen nichts anderes übrig, als den Schuh zu berühren – oder einen Besen, der dann den Schuh berührt. Oder Sie fordern Ihren fünfjährigen Sohn auf, den Schuh wegzuräumen, den er dort hat herumliegen lassen, und Ihre Aufforderung dringt in Form von Schallwellen an sein Ohr. Dinge können nur Dinge bewegen, die sich in unmittelbarer Nähe befinden. Es muss eine Kette von physikalischen Ereignissen stattfinden. Wir glauben, dass wir Dinge nur verändern können, indem wir sie berühren.

Aber das ist nicht der Fall. Wir verfügen heute über ein beweisbar genaueres Modell. Es beweist, dass ein Objekt ein anderes Objekt beeinflussen kann, auch wenn es sich nicht in der Nähe befindet. Leider halten die meisten von uns weiter an dem alten »Ereignisketten-Weltbild« fest, obwohl Physiker wieder und wieder demonstriert haben, dass ein Atom, wenn es sich einmal in Nachbarschaft eines anderen Atoms befunden hat, mit diesem zweiten Atom »verschränkt« ist und von ihm beeinflusst wird, unabhängig davon, wie weit sie sich räumlich voneinander entfernen. Selbst Einstein konnte sich nicht dazu durchringen, dieses scheinbar der Intuition widersprechende Konzept ganz zu akzeptieren. Aber es wird noch bizarrer und rätselhafter: Haben zwei Atome einmal miteinander interagiert, besteht ihre Verschränkung für alle Zeiten fort.

Wir haben sogar bewiesen, dass Nichtlokalität und Verschränkung auch bei größeren Objekten wirksam sind – bei Menschen zum Beispiel. 1978 führte Dr. Jacobo Grinberg-Zylberbaum an der Nationalen Autonomen Universität von Mexiko ein Experiment durch, das später vom Londoner Neuropsychiater Peter Fenwick wiederholt werden konnte. Dr. Grinberg-Zylberbaum schloss zwei in isolierten Räumen sitzende Versuchspersonen an Elektroenzephalografen an. Eine der beiden Personen wurde dem Blitzlicht einer Stroboskoplampe ausgesetzt. Die dadurch ausgelösten Gehirnwellenmuster erschienen in identischer Weise auch im EEG der anderen Versuchsperson, obwohl diese von den Lichtblitzen nichts mitbekam.

Auch wenn die Nichtlokalität für unsere newtonschen Gehirne schwer verständlich ist, können wir sie dennoch zu unserem Vorteil nutzen. So, wie Ihr Computer über das Internet Zugang zu einer unendlichen Fülle von Informationen hat, können Sie – einfach aufgrund Ihrer Natur als menschliches Wesen – in Kontakt zu buchstäblich allem treten, was in der Welt existiert.

Manchmal, wenn ich mit jemandem kommunizieren möchte, der sich sehr weit weg befindet, flüstere ich meine Nachricht der riesigen alten Eiche in meinem Garten zu. Selbstverständlich sind auch Bäume miteinander verbunden, wie die Hunde in *101 Dalmatiner*, und die Eiche kann, dank des Phänomens der Nichtlokalität, problemlos Botschaften beispielsweise an eine Palme übermitteln, die im Garten meiner Freundin in Kalifornien steht.

Bei diesem Experiment werden Sie die Nichtlokalität nutzen, um jemandem, der sich an einem entfernten Ort befindet, eine Nachricht zu übermitteln, und zwar ohne dass Sie diese Person treffen oder mit ihr telefonieren.

Das Gefühl der Synchronizität

> »Alles dreht sich um die Liebe und darum,
> wie wir alle miteinander verbunden sind.«
>
> *Mark Wahlberg, amerikanischer Schauspieler*

Als meine Tochter die Junior High School besuchte, fing sie an, auf alle Fragen nur noch eine Antwort zu geben – 222. Wurde sie nach der Uhrzeit gefragt, antwortete sie 2.22 Uhr, auch wenn es eigentlich 17.43 Uhr war. Fragte jemand, wie viel eine Milchtüte kostete, bekam er »2,22 Dollar« zur Antwort. Ihre Freundinnen fanden das extrem lustig und fingen an, sie jeden Nachmittag pünktlich um 2.22 Uhr anzurufen. Sie eröffnete sogar eine Facebook-Fanseite, die sie »Die wunderbar wunderliche 222« nannte. Na, wie ich schon sagte, sie ging damals auf die Junior High. In jenem Sommer unternahmen wir zwei Reisen. Ohne dass ich dazu beigetragen oder es irgendwie geplant hatte, bekamen wir beide Male Hotelzimmer mit der Nummer 222 – einmal in Seattle, als wir unseren Anschlussflug nach Juneau verpasst hatten, und dann im Langham Hotel in London, das sich gegenüber der BBC-Zentrale befindet.

Der Schweizer Psychiater C. G. Jung nannte solche Ereignisse *Synchronizitäten*, »das gleichzeitige Auftreten zweier in einem Sinnzusammenhang stehender, aber nicht kausal verknüpfter Ereignisse«. Manche Leute halten solche Vorfälle für amüsante Anomalien, die der große Zufallsgenerator gelegentlich auszuspucken pflegt. Sie argumentieren, es sei im Rahmen der Zufallswahrscheinlichkeit unvermeidlich, dass es zwischen Ereignissen aus Reihe A und solchen aus Reihe B gelegentlich zu Übereinstimmungen kommt.

Bei diesem Experiment werden Sie es sich gestatten, versuchsweise anzunehmen, dass synchronistische Ereignisse nicht aus Zufallsvariablen resultieren oder bloße Illusionen sind, sondern völlig reale Phänomene, die auf Nichtlokalität und Verschränkung beruhen.

Robert Anton Wilson behauptet in seinem Buch *Der neue Prometheus* sogar, dass »schon das Nachdenken über diese Thematik jungsche Synchronizitäten auslöst. Überzeugen Sie sich selbst, wie rasch Sie nach der Lektüre dieses Kapitels einen völlig erstaunlichen Zufall erleben werden«. Wenn Sie dazu tolle Erlebnisse beisteuern können, schicken Sie sie mir an meine Webadresse *www.pamgrout.com*.

Wilson wies sehr gern darauf hin, dass das Gewebe des Universums sich nicht um menschliche Spielregeln schert. Lassen wir uns also von ihm die Nichtlokalität erklären, wie sie in den 1960er-Jahren von John S. Bell als Lehrsatz formuliert wurde. Bells heute berühmter Lehrsatz führte zu Experimenten, mit denen die nicht lokale Quantennatur der Welt schlüssig bewiesen werden konnte:

> Bells Lehrsatz ist sehr wissenschaftlich formuliert, aber in normaler Sprache bedeutet er Folgendes: Es gibt keine isolierten Systeme. Jedes Teilchen im Universum steht in »augenblicklicher« (überlichtschneller) Kommunikation mit jedem anderen Teilchen. Das Gesamtsystem, und zwar auch jene seiner Teile, die durch kosmische Entfernungen voneinander getrennt sind, funktioniert als ein Gesamtsystem.

Durch dieses Experiment werden Sie entdecken, dass sich die Synchronizität, ein Phänomen, das die Leute achselzuckend mit einem »Krass! Was für ein irrer Zufall« abtun, experimentell beweisen lässt – und somit, dass alle Dinge miteinander verbunden sind.

Alles, was nicht wie Liebe aussieht,
ist nur Blendwerk

»Wir können ihn in kleine Würfel schneiden,
wenn wir wollen, aber wir können diesen
Beweis nicht ignorieren.«

Larry Dossey, amerikanischer Arzt und Autor

1972, auf der Jahrestagung der Amerikanischen Gesellschaft zur Förderung der Naturwissenschaften, fügte ein Meteorologe namens Edward Lorenz dem amerikanischen Wortschatz einen brandneuen Ausdruck hinzu. Als *Schmetterlingseffekt* bezeichnete er seine Beobachtung, dass ein scheinbar so unbedeutendes Ereignis wie der Flügelschlag eines Schmetterlings in Brasilien einen Wirbelsturm in Texas verursachen kann. Mit anderen Worten, kleine, fast unmerkliche Phänomene können gewaltige Folgen haben.

Das Tolle an diesem Experiment ist, dass Sie es nutzen können, um Liebe in Ihr Leben zu holen. Sie können es nutzen, um diese Welt zu einem freundlicheren Ort zu machen. Wenn Sie in positiver, inspirierender Weise an einen anderen Menschen denken, stärkt das seine Energie. Umgekehrt, wenn Sie negativ über andere urteilen und sie kritisieren, sei es auch nur in Gedanken, schwächen Sie deren Energie und beeinträchtigen Ihren Austausch mit diesen Menschen. Sie können buchstäblich die ganze Welt inspirieren, wenn Sie konzentriert Liebe, Segnungen, Frieden und andere hochfrequente Emotionen auf die Menschen in Ihrer Umgebung ausstrahlen. In *Ein Kurs in Wundern* heißt es: »Jeder wohlwollende Gedanke, den einer deiner Brüder irgendwo aussendet, ist ein Segen für dich.«

Draußen vor der Militärakademie der Vereinigten Staaten stand ein einsamer Demonstrant mit einer Kerze. Schweigend bezog er Stellung gegen die aggressive Außenpolitik der USA. Jemand fragte ihn: »Wie kannst du nur glauben, es hätte irgendeinen Effekt auf die Regierung, wenn du da ganz allein deine Kerze hochhältst? Sie machen diese Politik doch schon seit Jahrzehnten.«

Er erwiderte: »Es geht mir nicht darum, sie zu ändern. Ich will nicht, dass mein Land *mich* ändert.«

Was Sie über andere Leute denken, verändert *Sie*.

Ist es denn überhaupt vorstellbar, dass in dieser Welt des Wir-gegen-sie alle wirklich eins sind, wie es gemäß diesem Energieprinzip der Fall sein müsste?

Also, ganz ohne Umschweife – ja! Wir erleben das alles gemeinsam. Und immer wenn wir negativ über andere denken oder reden, kreuzigen wir uns damit selbst. Wir fügen uns selbst Schmerzen zu.

Auch wenn wir unsere Differenzen gerne mächtig hochspielen, in Wahrheit sind sie überflüssig und bedeuten nichts. Es ist an der Zeit, dass wir sie hinter uns lassen.

Denken Sie, wenn Sie einem anderen Menschen begegnen, daran, dass es sich um ein heiliges Zusammentreffen handelt. In dem Licht, in dem Sie ihn sehen, sehen Sie sich selbst. So, wie Sie ihn behandeln, behandeln Sie sich selbst. So, wie Sie über ihn denken, denken Sie über sich selbst.

Und Sie können die Beziehung zu jeder anderen Person verändern, indem Sie anfangen, ihr gute Gedanken zu schicken.

Anekdotische Beweise

> »Alles, was wir wollen, ob wir nun Honigbienen,
> Pinien, Kojoten, Menschen oder Sterne sind, ist,
> zu lieben und geliebt zu werden, akzeptiert,
> wertgeschätzt und gefeiert zu werden, einfach dafür,
> dass wir sind, was wir sind. Ist das denn so schwer?«
>
> *Derrick Jensen, amerikanischer Autor und Umweltaktivist*

Meine Freundin, ich werde sie Ginger nennen, weil das nicht ihr wirklicher Name ist, hatte jahrelang eine schwierige Beziehung zu ihrer Mutter. Schließlich entschloss sie sich, ihrer Mutter jeden Abend vor dem Einschlafen einen gedanklichen Segen zu senden. Ihre Mutter wusste davon natürlich nichts. Bis zum heutigen Tag hat Ginger ihrer Mutter nicht erzählt, dass sie sich seit inzwischen sechs Monaten allabendlich für ein paar Minuten vorstellt, dass ihre Mutter im Leben alles bekommt, was sie sich wünscht. Und zusätzlich sieht Ginger sich selbst, wie sie sich aufrichtig über das Glück ihrer Mutter freut.

»Ich weiß wirklich nicht, wie das geschehen konnte, aber unser Verhältnis hat sich total verändert. Wir sind heute die besten Freundinnen«, berichtet Ginger.

Weitere anekdotische Beweise

>»Erkunden Sie Ihre höheren Möglichkeiten. Seien Sie
ein Kolumbus, der innere Kontinente entdeckt und neue
Wege eröffnet, nicht des Handels, sondern des Denkens.«

Henry David Thoreau, amerikanischer Schriftsteller und Philosoph

Die Bestsellerautorin Martha Beck war einmal wie die meisten
von uns: einigermaßen freundlich, einigermaßen zuversichtlich,
aber nicht bereit, größere Wagnisse einzugehen. Schließlich war
sie Wissenschaftlerin, Soziologin mit Harvard-Gütesiegel, die nur
auf Grundlage solider Fakten bereit war, irgendwelche Schlüsse
zu ziehen. Und der Schluss, den sie zog, war wie bei den meisten
von uns auf dem Planeten Erde: Die Leute sind ganz okay, aber
im Allgemeinen ist es besser, sich nicht zu sehr auf sie einzulas-
sen. Besonders nicht, wenn man gerade dabei ist, in Harvard zu
promovieren. Da ist es vermutlich das Beste, wenn man eine ge-
sunde Distanz zu seinen Mitmenschen wahrt.

In ihrem wundervollen Buch *Expecting Adam* beschreibt sie es
so: »Wir laufen herum wie Queen Elizabeth, sie möge es mir ver-
zeihen, wir klammern uns an unsere hausbackenen Accessoires,
krampfhaft darauf bedacht, nicht unangenehm aufzufallen. Nie
zeigen wir unsere wahren Gefühle, und wir berühren andere immer nur durch Handschuhleder.«

Doch das Leben forderte Martha Beck eine Menge ab. Es
schenkte ihr einen Jungen mit Down-Syndrom (Adam), der ihr
zeigte, dass alles, was sie über die Welt zu wissen glaubte, lediglich ein großer Schwindel war. Vor allem diese Haltung, besser
niemandem zu vertrauen. Als sie mit Adam schwanger war, reiste
ihr Mann, ebenfalls Harvard-Doktorand, häufig nach Asien. Sie

blieb zu Hause zurück und musste mit ihrer Promotion, ihrem zweijährigen Kind und einer schwierig verlaufenden Schwangerschaft allein klarkommen. Brände, eine mögliche Fehlgeburt und ständige Schwangerschaftsbeschwerden führten dazu, dass sie oft weder ein noch aus wusste. »Es fühlte sich an, als würde ich von einer Lawine überrollt«, sagt sie.

Doch immer wenn sie dachte, es ginge nicht mehr, tauchte unverhofft ein Engel auf (und das meine ich nicht als Metapher) oder eine flüchtige Bekannte, von der sie das niemals erwartet hätte, schenkte ihr aufmunternde Worte, Lebensmittel oder half auf andere Weise. Beck hatte schon lange den Glauben an Gott aufgegeben und war durch das Bildungssystem darauf eingeschworen, »der guten alten Logik Francis Bacons zu folgen und nichts zu glauben, was nicht wissenschaftlich bewiesen ist«.

Dennoch stand plötzlich eine Frau, die sie kaum kannte, vor ihrer Tür und brachte ihr Lebensmittel, als sie sich vor Schwäche kaum noch auf den Beinen halten konnte. Eine unsichtbare Kraft führte sie und ihre Tochter sicher durch dichte Rauchschwaden aus ihrer Wohnung, ehe das Haus bis auf die Grundmauern abbrannte. Und sie war in der Lage, von Boston aus ihren Mann zu sehen und mit ihm zu sprechen, obwohl er sich in Hongkong aufhielt. Und, nein, nicht per Telefon!

Das alles führte bei ihr zu folgender Erkenntnis: »Gegen alle Wahrscheinlichkeit, trotz allem, was auf diesem unangenehmen, unbequemen Planeten gegen uns arbeitet, gibt es eine mütterliche, nährende Kraft, die unbegrenzt für uns da ist. Man kann sie immer finden, wenn man klug genug ist und weiß, wo man danach suchen muss.« Und selbst wenn Sie nicht klug genug sind, kommt sie Ihnen dennoch zu Hilfe – besonders wenn Sie sie wirklich brauchen.

Beck schreibt: »Ich muss jede Sorge, jede Furcht und jede falsche Vorstellung über Bord werfen, jede Lüge, die zwischen meinem Bewusstsein und der Wahrheit steht, die ich mit dem Herzen erkenne. ... Ich habe meine Realität von einem Faden aus soliden Fakten, so dünn, stark und kalt wie eine Rasierklinge, zu einem wilden Chaos der Möglichkeiten erweitert.«

Die Methode

> »Das, was wir heute für die Paradoxien der
> Quantentheorie halten, wird für unsere
> Enkelkinder einfach gesunder
> Menschenverstand sein.«
>
> Stephen Hawking, theoretischer Physiker

Bei diesem Experiment werden Sie mithilfe der Idee der Nichtlokalität einer Person, die Sie kennen, eine Botschaft schicken. Laut Laura Day, der Autorin des Buches *PI Praktische Intuition*, ist das so einfach wie das Verschicken einer E-Mail.

Das Angenehme an diesem Experiment ist, dass es sich bequem von Ihrem Lesesessel aus durchführen lässt. Der größte Teil Ihrer Interaktionen mit anderen Menschen ereignet sich im nicht physischen Bereich. All diese Gedanken, die Sie denken – sind sie privat, sodass niemand etwas davon mitbekommt? Nein, sie sind nicht wirklich privat. Da wir alle miteinander verbunden sind, könnten Sie sie ebenso gut mit einem Megafon hinausposaunen. Auf subtile Weise erfahren alle davon. Wir alle sind an die große Datenbank angeschlossen, und ständig tauschen wir mit allen anderen in unserem Einflussbereich Energie aus und, in geringerem Maße, mit allen Lebewesen auf dem Planeten.

Sparen Sie sich das viele Geld für eine Psychotherapie! Sie brauchen lediglich Ihren inneren Dialog zu verändern.

Aber überlegen Sie gut, um was Sie bitten. Sondra Ray, die Mitbegründerin des Loving Relationship Training und eine meiner ehemaligen Lehrerinnen, erzählt eine lustige Geschichte von der Kommunikation über die unsichtbare Energie-Datenbank. Sie ging zu Leonard Orr, ebenfalls einer meiner Lehrer, um herauszufinden, warum sie ständig Beulen in ihr Auto fuhr. Er riet ihr, eine andere Absicht als Affirmation zu formulieren. Sie machte sich darüber lustig. »Wollen Sie etwa behaupten«, sagte sie, »ich brauche bloß eine Absicht zu formulieren, und dann werden mich Männer anrufen?«

»Natürlich«, sagte er. »Probieren Sie es aus.«

Also sendete sie folgende Absicht in das FP: *Ich werde jetzt von vielen Männern angerufen.* Innerhalb von vier Tagen rief jeder einzelne ihrer verflossenen Liebhaber an. Von manchen hatte sie seit Monaten, von anderen schon seit Jahren nichts mehr gehört.

»Es klingt unglaublich«, sagt sie, »aber ich wurde sogar nachts von Männern angerufen, die ich gar nicht kannte und die sich verwählt hatten.« Damit das nicht wieder geschah, musste Sondra die Absicht so umformulieren, dass sie für sie funktionierte.

Hier sind die Schritte:

1. Wählen Sie Ihre Zielperson. Sicher ist es möglich, praktisch jedem Menschen eine Nachricht zu senden, aber ich empfehle, jemanden zu wählen, den Sie bereits kennen. Bruce Rosenblum, Professor an der Universität von Kalifornien, behauptet, dass Sie für immer mit jedem Menschen quantenphysikalisch »verschränkt« sind, dem Sie je die Hand geschüttelt haben.

2. Entscheiden Sie, welche Handlung oder Reaktion Sie sich von der betreffenden Person wünschen. Je genauer Sie das formulieren, desto besser. Drücken Sie sich klar und unmissverständlich aus. Als ich das Experiment gerade einmal wieder machte, schickte ich meinem Partner Jim die Nachricht: »Kaufe unterwegs Brot ein.«

3. Sehen Sie Ihre Zielperson deutlich vor Ihrem inneren Auge.

4. »Seien« Sie ganz bei der Zielperson, indem Sie Ihre gemeinsame Verbundenheit deutlich und mit allen Sinnen spüren. Worte sind oft ziemlich ineffektiv, wenn man eine Botschaft übermitteln möchte. Erzeugen Sie in sich eine starke Empfindung dessen, was Sie senden wollen. Und glauben Sie an Ihre Botschaft.

Damit das Experiment wirkungsvoller wird und Ihnen mehr Spaß macht – überschütten Sie die Zielperson mit positiven Gedanken. Segnen Sie sie in jeder Hinsicht. Stellen Sie sich lebhaft vor, dass sie im Lotto gewinnt, mit ihrem Lieblingsstar essen geht oder eine Weltreise geschenkt bekommt.

Laborprotokoll

8. Experiment: Das 101-Dalmatiner-Prinzip

Prinzip: *Das 101-Dalmatiner-Prinzip*

Die Theorie: Du bist mit allem und jedem im Universum verbunden.

Die Frage: Kann ich einer anderen Person eine Botschaft übermitteln, ohne mit ihr physikalisch in Kontakt zu treten?

Die Hypothese: Wenn ich einer bestimmten Person telepathisch eine Botschaft sende, werde ich innerhalb von zwei Tagen einen Beweis erhalten, dass sie die Nachricht empfangen hat.

Zeitraum: 48 Stunden

Die Kontaktaufnahme: Okay, FP, ich höre schon die Titelmelodie von *X-Factor* im Hintergrund, aber ich bin bereit, dieses eine Mal meinen kritischen Verstand auszuschalten, um herauszufinden, ob wir es hier wirklich mit einem dieser mysteriösen Aspekte der Quantenphysik zu tun haben. Was sagst du dazu?

Heutiges Datum: _____ *Uhrzeit:* _____

Forschungsnotizen: _____

_____

_____

_____

_____

_____

_____

_____

_____

_____

_____

_____

»Das ist im Grunde der einzige Mut, den man von uns verlangt:
mutig zu sein zu dem Seltsamsten, Wunderlichsten und
Unaufklärbarsten, das uns begegnen kann.«

Rainer Maria Rilke, böhmisch-österreichischer Dichter

9. EXPERIMENT

DAS BROT-UND-FISCH-PRINZIP

Das Universum ist grenzenlos, reich und sorgt auf erstaunliche Weise für uns

> »Die meisten Menschen lernen nur eine
> Ecke ihres Raumes kennen, einen Fensterplatz,
> einen Streifen, auf dem sie auf und nieder gehen.«
>
> *Rainer Maria Rilke, böhmisch-österreichischer Dichter*

Die Prämisse

Durch dieses Experiment werden wir mit dem Mythos aufräumen, dass das Leben Mist ist. Die meisten von uns, ob wir es zugeben oder nicht, glauben, das Leben sei hart. Wir glauben, alles wäre nur begrenzt verfügbar – ob nun Geld, Zeit oder Popcorn im Multiplexkino. Sogar Menschen, die Maseratis in der Garage stehen haben, verbringen viel zu viel Zeit damit, sich zu überlegen, wie sie an noch mehr Reichtum herankommen.

Warum? Weil sie irrtümlich glauben, es gäbe nicht genug für alle. Selbst Milliardäre, Leute, die in völligem Überfluss leben, stehen unter dem obsessiven Bann des »Es ist nicht genug da«.

Eine meiner Freundinnen interviewte einen schwerreichen Unternehmer, dessen überaus erfolgreiche Firma gerade ein neues Produkt auf den Markt brachte. Als sie die wild funkelnden Dollarzeichen in seinen Augen bemerkte, fragte sie ihn, ob es denn eine Obergrenze für den Profit gäbe, einen Erfolgsindex, eine Geldmenge, bei der er das Gefühl hätte, »genug« zu besitzen.

Dieser Unternehmer überlegte einen Moment, seufzte und erwiderte: »Verstehen Sie denn nicht? Es gibt niemals genug.«

Das ist wie bei der *Reise nach Jerusalem*. Alle fürchten, dass sie keinen Stuhl erwischen, wenn die Musik verstummt. Wir sind unermesslich reich. Aber wir fühlen uns knapp bei Kasse, sind ängstlich, immer auf der Hut. Zwar behaupten wir, wir würden in einer Wohlstandsgesellschaft leben, aber in vielerlei Hinsicht ist das eine Illusion, ein Schwindel, denn das Mantra »Es gibt nicht genug« ist allgegenwärtig. Ständig spielen wir *Reise nach Jerusalem* und rennen schneller und schneller um den illusionären Kreis aus immer weniger Stühlen. Im Widerspruch zu allem, was Sie zu wissen glauben, besagt das Brot-und-Fisch-Prinzip, dass es ein Naturgesetz der Fülle gibt – Sie können sich entspannen. Als Jesus darum »betete«, Fisch und Brot zu vervielfachen, verschwendete er keinen Gedanken darauf, wie sich das verwirklichen würde. Er fokussierte seine Gedanken laserartig darauf, dass Reichtum und Fülle sein göttliches Recht waren. Genauso werden Sie bei diesem Experiment Ihre normalen Denkmuster beiseitelassen und sich versuchsweise für die Möglichkeit öffnen, dass es tatsächlich genug geben könnte. Genug für alle.

Etwas stimmt nicht an diesem Bild

> »Wenn du glaubst, dass ein schwarzer Mann im Schrank ist, schalte das Licht ein und sieh nach.«
>
> *Dorothy Thompson, amerikanische Journalistin*

Der Glaube an Knappheit und Mangel ist unser Standardprogramm, die niemals infrage gestellte Konditionierung, die unser

Leben bestimmt. Die Vorstellung, dass »nicht genug da ist«, beginnt gleich am Morgen, wenn der Wecker klingelt: »O Mist, ich habe zu wenig geschlafen.«

Noch bevor wir uns aufsetzen und in unsere Pantoffeln schlüpfen, klagen wir bereits über Mangel. Wenn wir dann endlich aufstehen, denken wir: »Jetzt habe ich zu wenig Zeit, um mich in Ruhe anzuziehen und zu frühstücken.«

Und dann geht es den ganzen Tag so weiter.

Wir vergeuden einen großen Teil unserer Energie damit, uns zu sorgen und zu beklagen, dass nicht genug für uns da ist. Wir haben nicht genug Zeit. Wir treiben zu wenig Sport und essen zu wenig Ballaststoffe und Vitamin E. Unser Gehalt ist zu niedrig. Unsere Wochenenden sind zu kurz. Wir armen Geschöpfe sind nicht schlank genug, klug genug oder gebildet genug.

Und nie kommt es uns in den Sinn, einmal zu hinterfragen, ob dieses »Nicht genug«-Mantra eigentlich wahr ist. Wir haben es so sehr verinnerlicht, dass es unser ganzes Sein beherrscht. Unser Glaube an den Mangel ist zur Linse geworden, durch die wir jede Facette unseres Lebens betrachten.

Deshalb arbeiten wir in Jobs, die uns nicht befriedigen. Deshalb harren wir in Partnerschaften aus, die uns keine Erfüllung schenken. Deshalb gehen wir auch dann noch ans Büfett, wenn unser Appetit längst gestillt ist. Deswegen haben wir Systeme und Institutionen erschaffen, die den Zugang zu Ressourcen kontrollieren und einschränken (zum Öl beispielsweise), die wir für kostbar und knapp halten. Würden wir uns nicht so sehr darum sorgen, nicht genug zu bekommen, könnten wir uns entspannen und die vorhandenen Ressourcen nutzen, um alternative Energiequellen zu entwickeln, zum Beispiel die Nutzung von Sonne und Wind – Energien, die, nebenbei bemerkt, unerschöpflich sind.

Diese »Nicht genug«-Fiktion treibt uns dazu, Dinge zu tun, auf die wir nicht stolz sind. Sie treibt uns dazu, im Widerspruch zu unseren höchsten Idealen und unserem höchsten Selbst zu handeln und die natürliche Welt auszuplündern. Haben wir uns einmal als unzulänglich und bedürftig definiert, verwenden wir unsere ganze Energie darauf, nicht zu denen zu gehören, die leer ausgehen, und auf keinen Fall einem unserer »Konkurrenten« das Feld zu überlassen.

Aber jetzt kommt es: Das alles ist eine große, unverschämte, traurige Lüge. Es ist genug da – für alle. Wir leben in einem großen, freigebigen Universum. Und wenn es uns gelingt, unsere unbegründete Furcht zu überwinden, von Mangel bedroht zu sein, können wir damit aufhören, Ressourcen zu horten (im Ernst: Wer braucht schon 89 Paar Schuhe?), und unsere Energie befreien, wodurch dann sichergestellt ist, dass wirklich jeder Mensch alles bekommt, was er oder sie braucht.

Die Chumash-Indianer, die über Jahrtausende an der Küste Südkaliforniens ansässig waren, erfreuten sich eines Lebens, das ich als reich und gut bezeichnen würde. Sie wohnten in kleinen, eng verbundenen Dörfern und nutzten die natürlichen Ressourcen ihrer Umwelt, um Kanus, Pfeile und Medizin herzustellen. Ihre Ernährung bestand aus über 150 Sorten von Fisch und Meeresfrüchten, Honigmelonen und Pinienkernen. Sie stellten Pelzdecken, mit Muscheln verzierte Specksteintöpfe und ganz außerordentliche Körbe her, die so dicht geflochten waren, dass man darin Wasser transportieren konnte. Praktisch täglich spielten und tanzten die Chumash. Sie sangen ihren Kindern Schlaflieder vor und genossen reinigende Dampfbäder in ihren Schwitzhütten.

Heute nennen wir so etwas »Subsistenzwirtschaft« und betrachten es verächtlich als ein armseliges Leben. Doch ich denke, dass die Chumash, anders als wir, in einer Ökonomie der Fülle lebten. Für die Chumash war stets von allem genug da. Nicht zu viel. Nicht zu wenig. Genug. Und vor allem hatten sie genug Zeit für wirklich Wichtiges – Beziehungen, köstliches Essen, Kunst, Spiel und Ruhe.

Hier und jetzt, mit den Ressourcen, die Ihnen bereits zur Verfügung stehen, können Sie beginnen, ein reiches und von Sinn erfülltes Leben zu führen. (Sie müssen nicht erst eine bessere Arbeit finden oder einen neuen Partner, und Sie müssen auch keine zeitaufwendige neue Yogamethode erlernen.) Und das Beste ist: Sie können damit aufhören, so verdammt hart zu arbeiten. Lassen Sie es zur Abwechslung einmal ruhiger angehen. Nehmen Sie die Dinge leichter.

»Segnungen« geschehen einfach

> »Wie wäre es, wenn wir diese machtvolle Energie nutzen würden, Menschen zu inspirieren, statt sie weiter in der Nahrungskette der Konzerne und Religionen gefangen zu halten?«
>
> *Mark Vicente, Regisseur des Films*
> *»What the Bleep do we (k)now!?«*

Letztlich ist den meisten von uns gar nicht bewusst, wie sehr wir unsere Wahrnehmung eingeschränkt haben. Würden wir erkennen, in welchem Ausmaß wir uns gegen die Schönheit der Welt verschließen, wären wir zutiefst schockiert.

Unsere Verwirrung ist so groß, dass wir glauben, in dieser Welt zu leben hieße zwangsläufig, Opfer zu bringen. Aber in Wirklichkeit fordert die Welt keine Opfer von uns. Wir selbst erschaffen uns Lebensumstände, die dann Opfer von uns verlangen.

Es lohnt sich, an dieser Stelle einen Moment innezuhalten, um darüber nachzudenken, wie groß die Selbsttäuschung ist, der wir unterliegen.

Ein paar Tage nach seinem 29. Geburtstag erlitt Eckhart Tolle eine schlimme Angstattacke. Selbstmordgedanken befielen ihn. Er hatte das Gefühl, dass sein ganzes Leben ein einziger Fehlschlag war. In dieser einschneidenden Nacht sagte er wieder und wieder zu sich selbst: »Ich kann das Leben mit mir nicht länger ertragen.« Doch dann, ganz plötzlich, so sagte er, »hatte ich die Empfindung, dass ich in eine Leere hineingesogen wurde«.

Als er »aufwachte«, fühlte er nichts als Liebe, einen Zustand tiefen Friedens und beständiger Glückseligkeit.

Sein intensiver emotionaler Schmerz hatte sein Bewusstsein dazu gezwungen, sich von sämtlichen Grenzen zurückzuziehen, die er sich selbst auferlegt hatte. Dieser plötzliche Rückzug aus der Welt der Begrenzungen war so absolut, dass sein getäuschtes Selbst, sein unglückliches und zutiefst verängstigtes Selbst, augenblicklich in sich zusammenfiel wie eine aufblasbare Puppe, aus der man den Stöpsel herauszieht, sodass alle Luft entweicht.

Fast zwei Jahre tat er nichts, als in einem Zustand intensiver Freude einfach auf Parkbänken herumzusitzen.

Oder nehmen Sie Byron Katie. Diese Immobilienmaklerin aus Kalifornien stand mit beiden Beinen im gewöhnlichen Leben – zwei Ehen, drei Kinder, eine erfolgreiche Karriere –, als eine schwere Depression sie aus der Bahn warf. Sie begann eine Therapie in einer Einrichtung für Frauen mit Essstörungen, nicht weil sie an einer Essstörung litt, sondern weil das die einzige Therapieform war, die von ihrer Krankenversicherung bezahlt wurde. Eines Nachts, als sie im Dachgeschoss des Therapiehauses auf dem Boden lag (wie sie schreibt, fühlte sie sich zu wertlos, um in einem Bett zu schlafen), wachte sie plötzlich auf und fühlte sich vollkommen befreit von der in unserer Kultur so verbreiteten Opfermentalität.

»Alle Gedanken, die mir so zu schaffen gemacht hatten, meine ganze Welt, *die* ganze Welt, war verschwunden. ... Alles hatte sich bis zur Unkenntlichkeit verändert. ... Aus der Tiefe stieg ein Lachen auf und brach aus mir heraus. ... Ich war in einem Freudenrausch«, schreibt sie in ihrem Buch *Eintausend Namen für Freude*.

Sie ging nach Hause und schaute tagelang aus dem Fenster in einem Zustand vollkommenen Glücks.

»In mir war die Freiheit erwacht«, schreibt sie.

Oberst Günther von Gatow, im Wintergarten, mit der Rohrzange

>»Der gesunde Menschenverstand ist eigentlich nur eine Anhäufung von Vorurteilen, die man bis zum 18. Lebensjahr erworben hat.«
>
> *Albert Einstein, theoretischer Physiker*

Mit meiner Tochter und ein paar ihrer Freundinnen spielte ich das Brettspiel *Cluedo*. Wir verteilten die Detektiv-Notizblöcke und legten das Seil, das Heizungsrohr und die anderen Miniaturtatwaffen in die Miniaturräume des Miniaturhauses.

Ich sagte zu Kylie, die Professor Bloom spielte: »Warum gehen Sie nicht zuerst?«

Die Mädchen schauten mich an, als hätte ich sie aufgefordert, in der Jungenumkleide zu duschen.

»Mama!«

»Miss Grout!«, protestierten sie laut.

»Was ist? Was habe ich getan?«

»Aber alle wissen doch, dass Fräulein Roth immer als Erste geht.«

Ebenso erklärten sie mir, dass man nur eine Anklage erheben kann, wenn man sich in dem Raum befindet, in dem der Mord stattgefunden haben soll. Und dass es Geheimgänge nur zwischen Küche und Arbeitszimmer sowie zwischen Bibliothek und Wintergarten gibt.

»Wer sagt das?«, fragte ich.

»Die Spielregeln. Hier steht alles.« Eine von ihnen hielt mir die bedruckten Seiten unter die Nase.

Diese »in Stein gemeißelten Regeln« erinnern mich daran, wie wir »das Leben spielen«. Jemand hat entschieden, dass die Welt genau so »funktioniert«, und weil wir damit alle einverstanden sind, haben wir es zu unserer »Realität« gemacht.

Es zeigt sich, dass wir alle hereingelegt wurden. Nahezu alle Konzepte und Werturteile, die wir für selbstverständlich halten, sind grobe Verzerrungen der Wirklichkeit. Das, was wir für »real« halten, spiegelt lediglich die »Cluedo-Spielregeln« wider, mit denen wir alle einverstanden sind. Die Welt, die wir zu sehen glauben, ist die Projektion unserer individuellen »Cluedo-Spielregeln«.

Vielleicht ist es an der Zeit, diese Cluedo-Spielregeln in kleine Fetzen zu schneiden und als Konfetti zu verwenden. Bis wir das endlich tun und begreifen, dass wir »ganz und gar geliebt, ganz und gar liebenswert und ganz und gar liebesfähig« sind, werden wir uns auch weiterhin leer fühlen, am Sinn des Lebens zweifeln und uns fragen, warum wir hier sind.

Deshalb müssen wir die Welt durch eine ganz neue Linse betrachten.

Anekdotische Beweise

> »Trübsal zu blasen ist leichter, als fröhlich zu sein. Jeder kann sagen: ›Ich habe Krebs‹, und damit eine Reaktion provozieren. Aber wie viele von uns können die Leute fünf Minuten lang mit guter Comedy zum Lachen bringen?«
>
> *P. J. O'Rourke, ehemaliger Korrespondent der Zeitschrift »Rolling Stone«*

Caryn Johnson wusste immer schon, dass sie Schauspielerin werden wollte. Wie sie sagt, lautete der erste zusammenhängende Satz, den sie als Kind sprach: *Mensch, würde ich gerne schauspielern!*

Obwohl sie in einem sozialen Brennpunkt in New York aufwuchs, spielte das Theater und »das Schlüpfen in andere Rollen«, wie sie sagt, früh eine wichtige Rolle in ihrem Leben. Damals veranstaltete Joe Papp kostenlose Shakespeare-Aufführungen in ihrem Viertel in Chelsea. Hinzu kamen häufige Kinobesuche mit ihrem Bruder Clyde und ihrer Mutter Emma, die ihre Kinder allein erziehen musste.

»Als ich die Schauspielerin Carole Lombard in einer langen Satinrobe eine Treppe heruntergehen sah, dachte ich: Das kann ich auch«, sagt sie. »Ich wollte diese Treppe herunterschreiten und diese Worte sprechen und dieses Leben führen. Dort im Kino konntest du alles werden. Du konntest fliegen. Du konntest außerirdische Lebensformen treffen. Du konntest eine Königin sein. Du konntest in einem riesigen Bett mit Satinlaken schlafen, in deinem eigenen Zimmer.«

Mit acht Jahren stand sie im Rahmen eines Kindertheater-Projekts zum ersten Mal auf einer Bühne. Doch als sie auf der Highschool wegen ihrer Legasthenie als »langsam, möglicherweise geistig zurückgeblieben« eingestuft wurde, bekam ihr Lebensweg einen Knick. Sie brach die Schule ab, wurde drogenabhängig und vergaß ihren Traum von der Schauspielerei. Mit 19 war sie alleinerziehende Mutter.

Doch glücklicherweise kam sie wieder von den Drogen los. Der Vater ihrer Tochter war Drogenberater und half ihr, clean zu werden. Als Vater allerdings versagte er. Ein paar Monate nach der Geburt der Tochter Alexandra ließ er sie sitzen.

Caryn war Schulabbrecherin ohne jede Qualifikation. Das Einzige, was sie gut konnte, war die Betreuung von Kindern. Sie nahm einen Job als Kindermädchen an und ging nach Lubbock, Texas. Als sie wieder einmal ein Freund sitzen ließ, stand sie erneut, inzwischen in Kalifornien, ohne Geld und Arbeit da. Sie besaß nicht einmal einen Führerschein, was im autoversessenen Kalifornien ein echtes Handikap darstellte.

»Ich war ohne Schulabschluss«, sagt sie. »Alles, was ich besaß, war ich selbst und mein Kind.«

Oh, und ihren Traum, Schauspielerin zu werden! Tagsüber lernte sie das Maurerhandwerk und machte zusätzlich eine Ausbildung zur Kosmetikerin. Abends spielte sie bei einer experimentellen Theatergruppe mit. Eine Zeit lang verdiente sie Geld, indem sie bei einem Bestattungsunternehmen die Toten frisierte und schminkte, war aber zusätzlich auf die Wohlfahrt angewiesen. »Ich musste mit 165 Dollar einen ganzen Monat lang auskommen und wusste oft nicht, wovon ich meiner Tochter neue Schuhe kaufen sollte.«

Trotz alledem glaubte sie weiterhin, dass »alles möglich ist«. Sie glaubte weiterhin, dass sie wie Carole Lombard sein und im Satinkleid die Treppe herabschweben konnte.

»Ich wusste immer, dass die Schauspielerei das ist, was ich wirklich kann«, sagt sie.

Dieser unerschütterliche Glaube öffnete ihr schließlich die Tür. 1983 sah der berühmte Hollywoodregisseur Mike Nichols zufällig einen ihrer Auftritte im Experimentaltheater Black Street Hawkeyes in Berkeley. Er war so von ihrer Schauspielkunst beeindruckt, dass er sie für *The Spook Show,* eine One-Woman-Show am Broadway, unter Vertrag nahm. Als Steven Spielberg diese Show sah, besetzte er Carolyn für die Rolle der Celie in *Die Farbe Lila.* Inzwischen hatte sie ihren Namen in Whoopi Goldberg geändert.

»Ich kann alles tun. Ich kann alles sein. Niemand hat mir je gesagt, dass ich es nicht kann. Niemand pflanzte mir die Idee ein, dass ich in meinem Potenzial irgendwie eingeschränkt wäre. Deswegen denke ich in Möglichkeiten, nicht in Unmöglichkeiten«, schreibt Whoopi in ihrer Autobiografie *Ziemlich Whoopi. Das Buch.*

»Ich wusste, ich würde niemals Wasser in Wein verwandeln oder Katzen dazu bringen können, Französisch zu sprechen. Aber ich lernte, dass die ganze Welt unsere Leinwand sein kann, wenn wir den Dingen unvoreingenommen begegnen.

Wir können unsere Träume verwirklichen. Ich glaube, dass ich dorthin gehöre, wo ich gerne sein möchte. Ich glaubte daran, dass die kleine Tochter einer alleinerziehenden Mutter aus einem Armenviertel in Manhattan sich ihrerseits als alleinerziehende Mutter durchschlagen, sieben Jahre von der Wohlfahrt und Gelegenheitsjobs existieren und es doch zur Filmschauspielerin schaffen konnte.

Daher ein klares Ja: Ich glaube, dass alles möglich ist. Ich weiß es, denn ich habe es selbst erlebt. Ich habe Dinge gesehen, die in früheren Zeiten als Wunder bezeichnet wurden. Diese Wunder wurden möglich, weil Menschen ihre Träume lebten. Als menschliche Wesen sind wir in der Lage, ein Paradies zu erschaffen und mit eigener Hand unser aller Leben besser zu machen. Ja, ja, ja – es ist möglich. Wenn etwas nicht geschieht, dann nicht, weil es unmöglich ist. Es ist einfach noch nicht geschehen.«

Weitere anekdotische Beweise

> »Die Kräfte Ihres Geistes zu nutzen kann viel
> wirkungsvoller sein als die Medikamente, von denen
> man Ihnen eingeredet hat, dass Sie sie brauchen.«
>
> *Bruce Lipton, amerikanischer Zellbiologe*

Jahrelang kreiste Myrtle Fillmores Leben um ihren Arzneischrank. Die spätere Mitbegründerin der Unity-Kirche litt nicht nur an Tuberkulose, was blutigen Husten und chronisches Fieber nach sich zog, sie hatte sich zudem mit Malaria infiziert. Eines Tages besuchte sie einen Vortrag von E. B. Weeks, einem Anhänger der Neugeist-Bewegung. Weeks behauptete, dass Gott, der das All-Gute sei, niemals Krankheit als Schicksal für einen Menschen wünschen könne. Wenn sie sich mit diesem all-guten Geist in Einklang brächte, empfahl er, würde sie ihr wahres Selbst entdecken – das zweifellos blühend gesund sei.

Immer wieder bejahte Myrtle: »Ich bin ein Kind Gottes und kann daher unmöglich Krankheit geerbt haben.« Sie weigerte sich, »nach dem äußeren Anschein« zu urteilen, und vergegenwärtigte sich ständig, dass alle Zellen ihres Körpers von der vitalen Energie Gottes erfüllt waren.

Allmählich besserte sich Myrtles Zustand. Nach zwei Jahren war sie restlos von ihren schweren Krankheiten geheilt.

Angesichts der bemerkenswerten Genesung seiner Frau wandte Myrtles Mann Charles die gleichen Affirmationen an. Als Kind war er beim Eislaufen schwer gestürzt und hatte sich die Hüfte gebrochen, was mehrere Operationen erforderlich machte. Seither war bei ihm ein Bein verkürzt und geschwächt. Er musste eine Schiene tragen, um die unterschiedliche Beinlänge auszugleichen, und glaubte, sich für den Rest seines Lebens mit seinen chronischen Schmerzen abfinden zu müssen.

Wie Myrtle bejahte Charles Fillmore, dass es eine all-gute, allmächtige energetische Kraft gibt. Nicht nur war er nach einem Jahr dauerhaft von seinen Schmerzen befreit, sondern sein verkürztes Bein erholte und kräftigte sich so weit, dass er keine Schiene mehr benötigte. Das Universum sorgte gut für ihn.

Die Methode

> »Realität ist eine Illusion, allerdings eine sehr hartnäckige.«
> Albert Einstein, theoretischer Physiker

Dieses Experiment wird beweisen, was Sally Field schließlich erkannte, als sie einen Oscar für *Ein Platz im Herzen* gewann: »Ihr

mögt mich, ihr mögt mich wirklich.« Es wird beweisen, wie großartig und wunderbar unsere Welt in Wahrheit ist.

Während der folgenden 48 Stunden werden wir nach dem Guten und Schönen Ausschau halten und es erleben.

Die Geschichte der Menschheit ist, natürlich, mit Blut geschrieben – gekennzeichnet von Kriegen, Verrat und brutalen Konkur-
renzkämpfen. Doch andererseits stellte der Paläontologe Stephen
Jay Gold fest: »Die Fossilfunde zeigen lange, ununterbrochene
Perioden biologischer Stabilität.«

Gould betrachtete es als strukturelles Paradox, dass ein einzelner Akt der Gewalt uns bedeutsamer erscheint als zehntausend
Beweise menschlicher Güte und Barmherzigkeit. Seiner Ansicht
nach sind Höflichkeit, Nächstenliebe und Schönheit die Norm.

Er schrieb, es sei unsere Pflicht, unsere heilige Verantwortung,
all die unzähligen menschenfreundlichen, liebevollen Handlun-
gen aufzuzeichnen, die oft unbemerkt und im Verborgenen geschehen, jedoch das bei Weitem überwiegende Merkmal menschlichen Verhaltens sind.

Tragen Sie während der nächsten zwei Tage ständig ein Notiz-
buch bei sich und notieren Sie alle diese Beweise für die Güte des
Menschen.

Hier sind einige Beispiele, was Sie aufschreiben könnten:

- »Meine Frau gab mir einen Kuss, ehe ich zu meinem
  Arzttermin ging.«

- »Die Frau am Empfang und ich zeigten uns gegenseitig
  Fotos ihres jüngsten Kindes und meines jüngsten Enkels.«

- »Als ich mit einem Stapel Bücher im Arm unser
  Bürogebäude betrat, hielt mir ein Fremder die Tür auf.«

»Die Bedienung im Schnellimbiss lächelte mich
freundlich an und fragte: ›Was kann ich für Sie tun?‹«

»Ich hatte Probleme mit meinem E-Mail-Programm, aber
eine Kollegin half mir, es wieder zum Laufen zu bringen.«

»Ich war nach einem anstrengenden Einkauf sehr müde
und erschöpft, und ein Mann bot mir in der U-Bahn mit
einem freundlichen Lächeln seinen Platz an.«

Laborprotokoll

9. Experiment: Das Brot-und-Fisch-Prinzip

Prinzip: *Das Brot-und-Fisch-Prinzip*

Die Theorie: Das Universum ist grenzenlos, reich und sorgt auf erstaunliche Weise für uns.

Die Frage: Hält meine Konzentration auf das Negative mich davon ab, die Wirklichkeit zu erkennen?

Die Hypothese: Wenn ich meine Perspektive verändere und bewusst nach Güte, Schönheit und Fülle Ausschau halte, werden sie mir auf Schritt und Tritt begegnen.

Zeitraum: 48 Stunden

Heutiges Datum: _____   *Uhrzeit:* _____

Anzahl positiver, schöner Erlebnisse: _____

Die Kontaktaufnahme: Ein altes Sprichwort sagt: »Was du wertschätzt, wird dich wertschätzen.« Also werde ich es ausprobieren. Wer weiß? Vielleicht ist es ja weit mehr als ein bloßer New-Age-Hokuspokus, aktiv Dankbarkeit auszudrücken. Immerhin hat Willie Nelson gesagt, dass sich sein ganzes Leben änderte, als er anfing, all das Gute zu zählen, das ihm geschenkt worden war. Wie Willie bin ich bereit, auf Frieden, Glücklichsein und Freude zu setzen. Daher halte ich jetzt aktiv, konsequent und konzentriert nach dem Guten Ausschau.

Forschungsnotizen: _____

_____

_____

_____

_____

_____

_____

_____

_____

_____

_____

_____

»Uns stehen in jedem Augenblick viel mehr
Möglichkeiten offen, als wir glauben.«
Thich Nhat Hanh, buddhistischer Mönch und Friedensaktivist

NACHWORT

Inspiriert einander!

> »Es ist gut, zusammenzukommen, um miteinander schöpferisch zu sein.«
>
> *Hicks*

Glückwunsch! Sie haben durchgehalten, das ganze Buch gelesen und hoffentlich alle neun Experimente ausprobiert. Mutig haben Sie Ihren Hut in den Ring geworfen. Damit liegt das Schwerste bereits hinter Ihnen. Doch wenn Sie jetzt aufgeben, werden Sie den besten Teil des Abenteuers versäumen. Der besteht nämlich darin, die Ernte einzufahren.

Ich schlage vor, dass Sie sich in Ihrem Wohnort oder Ihrer Kirchengemeinde mit anderen E^2-Lesern zusammentun.

Auch wenn das FP immer bei uns ist, uns stets führt, ist es manchmal hilfreich, von anderen Menschen daran erinnert zu werden. Und, weiß Gott, solche Gesellschaft können wir wirklich gebrauchen!

Deshalb ist es so wichtig, Gleichgesinnte zu finden, andere spirituelle Kriegerinnen und Krieger, die bereit sind, zuzuhören und zu ermutigen, und die uns daran erinnern, warum wir diesen Weg gehen. Abraham-Hicks sagen dazu: »Wenn ihr euch auf die Energie einstimmt, die Welten erschafft, wird das Universum euch mit anderen Menschen zusammenführen, die auf der gleichen Frequenz schwingen.«

Das funktioniert geradezu wie eine kosmische Partnervermittlung. Diese »Teamkameraden« werden in Ihre Schwingungssphäre eintreten (Gleiches zieht Gleiches an), und gemeinsam werden Sie es schaffen, die Energie immer weiter zu »potenzieren«, bis sie schließlich exponentiell explodiert und eine grandiose neue Welt mit köstlichen neuen Möglichkeiten entstehen lässt. Der wichtigste Leitsatz dabei: Spielen Sie und freuen Sie sich Ihres Lebens! Das ist immer der beste Energie-Generator.

Schaffen Sie als Gruppe ein schützendes Umfeld, in dem Sie alle sich geborgen und respektiert fühlen. Dafür sind keine stundenlangen Arbeitstreffen notwendig. Vieles lässt sich am Telefon besprechen. Aber es ist wichtig, Ansprechpartner zu haben, mit denen Sie sich über die Resultate Ihrer Experimente austauschen können – Menschen, die ebenfalls experimentieren.

Berichten Sie sich gegenseitig von Ihren Erfahrungen. Inspirieren Sie einander. Denken Sie sich gemeinsam neue Experimente aus. In meiner Gruppe wird jede Woche ein neues Experiment vorgestellt. Das kann alles Mögliche sein: beispielsweise die Energie in einem von Unruhe erfüllten Raum beruhigen (das funktioniert wie ein Zauberspruch; man strahlt einfach Frieden und Ruhe aus und beobachtet, wie sich dadurch die Energie in einem Restaurant oder während einer schwierigen Besprechung verändert) oder in einer Beziehung zu einem anderen Menschen, die bislang von Vorwürfen und Kritik gekennzeichnet war, für eine andere Atmosphäre sorgen. In meiner Gruppe macht es uns viel Freude, uns gegenseitig von unseren Erfolgen zu berichten, aber auch, über unsere »Rückfälle« in die alte Konditionierung zu sprechen – beides sind wertvolle Lernerfahrungen.

In diesen Gruppen sollte im Mittelpunkt stehen, über das Leben zu sprechen, das Sie alle sich wünschen, nicht darüber, wie es im Moment zu sein scheint. Statt zu fragen: »Was läuft falsch? Was ist negativ?«, konzentrieren Sie sich gemeinsam auf: »Was läuft gut? Was ist erfreulich?« Das sind sinnvolle Fragen! Mit den

Antworten darauf werden Sie eine neue, erfreuliche Geschichte, eine neue Welt erschaffen. Tauschen Sie bei jedem Gruppentreffen Beispiele dafür aus, wie Ihr Leben besser wird und sich zum Guten entwickelt.

Praktizieren Sie Wertschätzung, seien Sie positiv, bestärken und ermutigen Sie sich selbst und andere. Träumen Sie und vergegenwärtigen Sie sich immer wieder diese drei Wahrheiten:

1. Sie sind wunderbar! Ob Ihnen das nun bewusst ist oder nicht: Sie sind ein enorm mächtiges Energiewesen. Ein gewaltiges Potenzial durchströmt Sie.

2. Das wunderbare Feld des Potenzials ist grenzenlos. Wirklich alles ist möglich. Dazu braucht es nur Ihre Bereitschaft, sich geistig zu öffnen, ihre alte Konditionierung aufzugeben und schönere, freiere, größere Ideen zu entwickeln.

3. Wir alle gehen diesen Weg zusammen. Wenn wir gut füreinander sorgen, uns wertschätzen und uns gemeinsam unseres Lebens freuen, gewinnen wir alle und entfalten unser Potenzial. Natürlich könnten wir auch versuchen, allein das Ziel zu erreichen. Aber wirkliche Freude erfahren wir, wenn wir diese Abenteuerreise zusammen unternehmen, uns vereint freuen und gemeinsam jubeln!

DANKSAGUNG

Ich habe gehört, dass man ein Dorf braucht, um ein Kind groß-zuziehen. Nun, das gilt auch für die Erschaffung eines Buches.

Zur »Dorfgemeinschaft«, die bei E^2 Geburtshilfe leistete, ge-hören:

All die coolen Leute von Hay House: Alex Freeman, Shannon Littrell, Christy Salinas, Pam Homan und Stacey Smith, die von Anfang an für mich eintrat. Danke, Stacey! Und danke, Christy, für das tolle Cover.

Alex, anfangs habe ich mich ganz schön gesperrt, als ich all deine Kommentare und Korrekturen sah, aber nun verneige ich mich vor deiner Einsicht. Du bist die Antwort auf ein Gebet.

Jim Dick, der zu den geduldigsten Menschen auf diesem Plane-ten zählt; Kitty Shea; Joyce Barrett; Betty Shaffer; die Fusion Sis-ters; meine spirituellen Mitstreiter am Mittwochmorgen; meine Vortex-Gruppe und natürlich Taz.